배움의 공동체

배움의 공동체

손우정 교수가 전하는 희망의 교실 혁명

| 손우정 지음 |

추천의 글

'21세기형 학교'를 실현하는
가장 훌륭한 텍스트

아시아 여러 나라에서 '21세기형 학교'를 표방한 교육 혁신은 그 나라의 사회·정치·경제·문화의 미래를 결정하는 중요한 과제이다.

냉전 체제가 붕괴된 1989년 이후 세계화의 진전에 따라 아시아 지역은 물론 세계 어느 지역에서나 국제적인 경제 경쟁이 치열하게 전개되고, 한편으로는 민주주의 발전에 따라 시민사회가 성숙해 지고 있다. 한국도 예외는 아니다.

나는 이 책의 저자인 손우정 박사의 안내로 15년간 한 해도 빠짐없이 한국의 학교들을 방문하여 학교 개혁을 지원해 왔는데, 한국만큼 과감하고 급격하게 학교와 수업 혁신을 추진해 온 나라는 없다. 손우정 박사와 내가 추진해 온 '배움의 공동체' 학교 개혁과 수업 개혁은 '21세기형 학교'로 탈바꿈하기 위한 교육 개혁의 가장 유망한 도전이다.

학교와 교실은 사회와 문화의 축소판이다. 학교와 교실이 그 사회 및 역사와 무관하게 개혁되는 일은 없다. 그만큼 한국의 학교 개혁은 한국의 역사와 사회, 문화의 모든 것을 이어받는 어려운 사업이자, 그 개혁을 통해서 한국의 미래사회와 문화를 준비하는 큰 사업이기도 하다. 게다가 학교는 안으로부터 개혁할 수밖에 없으며 그 안으로부터의 개혁이 밖으로부터의 지원을 받지 못하면 지속될 수 없다.

손우정 박사는 지난 10년간 온갖 어려움에도 불구하고 한국의 수많은 학교를 방문하여 교사들과 함께 학교 개혁을 추진해 왔다. 세계 어느 나라에서도 이러한 연구를 진행해 온 교육 연구자는 없을 것이다. 그 경험은 매우 귀중하며 그 실천적인 연구는 세계 최고 수준이다. 이 책은 손우정 박사의 귀중한 경험과 연구를 명쾌하게 서술하고 있다. 그야말로 소장하고 싶은 책이다.

손우정 박사는 도쿄대학교 대학원에서 내가 가르친 가장 우수한 제자였다. 그의 박사 학위논문은 식민지 시대 중등 교육의 식민지화와 역식민지화의 과정을 검증한 탁월한 연구였다. 귀국 후에는 대학에서 후진 양성과 함께 '배움의 공동체' 학교 개혁의 액션리서치(action research)를 추진하고 있다.

나는 손우정 박사의 풍부한 경험과 성장, 그리고 성취에 한없는 존경을 보낸다. 실제 손 박사만큼 많은 교사에게 깊은 신뢰를 받고 탁월하게 학교 개혁을 실천한 교육 연구자도 드물 것이다.

이 책은 손우정 박사가 왜 그토록 많은 교사의 신뢰와 존경을 받는지, 어떻게 이토록 수많은 학교 개혁을 성취해 왔는지를 밝히고 있다. 또한 손 박사가 한국 교육의 미래를 개척하는 희망의 교육학자임을 보여주는 증거이기도 하다.

  이 책은 '21세기형 학교'를 실현하기 위한 가장 훌륭한 텍스트이며 한국의 모든 교사, 교육 행정 관계자, 교사를 희망하는 대학생, 교육학자를 희망하는 대학원생들에게 교육의 희망을 보여주는 책으로서 끊임없이 읽힐 것이다.

2012년 8월
사토 마나부 | 일본 학습원대학교 고수·도쿄대학교 명예교수

시작하는 글

배움의 공동체, 지난 10년의 기록

작정하고 학교를 기웃거리기 시작한 지 10년이 훌쩍 넘었다. 처음 학교를 방문해서 수업을 보고 교사들에게 수업 연구를 제안했을 때가 떠오른다. 많은 교사가 수업 공개에 대한 부담을 호소하며 거부감을 표시했다. 어떤 학교에서는 '책장사'로 오해받아 쫓겨나기도 했다.

이렇게 높고 굳게 닫혔던 학교의 문이 열리고 교실이 열렸다. 그리고 엄청난 변화가 일어났다. 많은 선생님이 수업을 하면서 행복하다고 한다. 교사가 되길 잘했다고 한다. 아이들이 학교가 좋다고 한다. 학부모들이 학교가 자랑스럽다고 한다.

이렇게까지 빨리 교실이 열리고 수업이 바뀌고 학교가 바뀔 것이라고는 나 자신도 상상하지 못했다. '될 때까지, 할 수 있을 때까지 해보자' 작정한 것이 이렇듯 놀라운 결과를 가져온 것이다.

현재 우리나라에서 '배움의 공동체'를 도입하여 학교 개혁과 수업 개혁을 추진하고 있는 학교는 120여 곳이다. 이젠 전국 어딜 가도 '배움의 공동체' 수업을 볼 수 있다.

그뿐만이 아니다. 전국 각지에 연구회와 월례회가 만들어져 수업을 보고 연구하는 교사들을 만날 수 있다. 이 모든 일이 교육부나 교육청의 정책이나 지시에 따른 것이 아니라 교사들의 자율적 의지로 만들어져 운영되고 있다는 사실이 무엇보다 놀랍다.

이게 바로 교사다. 그동안 전국의 학교 현장을 돌며 수업 연구를 하면서 가장 크게 느끼고 배운 것은 '선생님도 배우고 싶어 한다'는 사실이다. '어떻게 하면 한 명의 아이도 배움에서 소외되지 않는 수업을 할 수 있을까? 어떻게 하면 아이들에게 질 높은 배움을 제공할 수 있을까? 그리고 언제쯤이면 수업으로 뿌듯함을 느낄 수 있을까? 많은 교사가 고민하지만, 그 해결책을 찾기란 쉽지 않았다. 교사에게 수업이란 지식을 전달하는 그 이상의 것이기 때문이다.

수업이란 교사가 어떤 가치관을 가지고 있느냐, 학교를 어떤 곳으로 받아들이며 수업을 무엇이라 생각하는지, 나아가 교사의 역할을 어떻게 정의내리고 있느냐에 따라 달라질 수밖에 없다. '배움의 공동체'는 이런 교사들의 고민을 학교 안에서 그것도 수업 속에서 동료와 함께 해결해 가는 길을 제시하고 있다. 물론 매뉴얼화 된 답은 없고 앞으로도 없을 것이다. 그 고민이 바로 교사의 삶이고 그 고민이 어쩌면 답이기 때문이다.

이 책은 '배움의 공동체'의 주창자인 사토 마나부 교수님의 이론과 실천을 바탕으로 내가 강의해 온 내용과 수많은 선생님들로부터 보고 듣고 배운 것을 나름대로 정리한 것이다.

이 책에 등장하는 사례들이 모든 학교, 교실의 모습은 아닐 것이다. 그리고 교사들의 고민 또한 개인마다 다를 수 있기에 공감할 수 없는 내용이 등장할 수도 있을 것이다. 하지만 학교를 방문하고 수업을 참관하고 교사들을 만나면서 능력의 한계로 부족한 면은 있었을지언정 한순간도 최선을 다하지 않은 순간은 없었다. 그래서 감히 부끄럽지만 이 책을 세상에 낼 수 있는 용기를 낸다.

보잘 것 없는 졸고이지만 이 책이 나오기까지 많은 분이 함께해 주셨다. 무엇보다 '배움의 공동체'를 만나게 해주고 이 책을 쓸 수 있게 배움을 주시고 지금도 애프터서비스를 마다하지 않는 나의 스승 사토 마나부 교수님께 존경과 감사의 마음을 전한다.

지금까지 나에게 수업을 공개해 주시고 수업 이야기를 나누어주셨던 전국의 수많은 선생님과 아이들을 만나지 못했더라면 감히 엄두도 낼 수 없는 일이다. 그리고 책이 완성되기까지 마음을 조이며 함께 문장을 다듬고 기다려준 구해진 작가님과 해냄출판사 여러분들의 고마운 마음 또한 잊을 수가 없다.

부디 '배움의 공동체', 이 조그만 책이 학교와 수업을 고민하는 많은 분에게 희망의 언어로 회자되기를 바란다.

2012년 8월
손우정

프롤로그

교사의 진정성 담은 6개월,
아이들의 12년을 행복하게 한다

"어, 쟤는 누구예요?"

어둑어둑한 초등학교 운동장에서 한 아이가 우리 일행이 탄 차를 향해 인사를 했다. 잘 보이지도 않을 텐데 누군 줄 알고, 차를 향해 깍듯하게 인사하는 걸까. 그 아이의 모습이 신기해서 운전대를 잡은 선생님에게 물었는데, 선생님은 환하게 미소 지으며 말했다.

"우리 학교 졸업생이에요. 제 차를 알아보고 인사하는 겁니다."

그 말을 듣는 순간, 그 선생님이 달리 보였다. 재학생도 아닌 졸업생에게 그처럼 정중한 인사를 받는 교사라니.

사실 졸업생이라면 더 이상 선생님에게 잘 보이려 애쓸 입장도 아니니 굳이 그렇듯 허리 굽혀 인사할 것까지도 없을 테고, 더군다나 잘 보이지도 않는 어스름 저녁에 인사를 안 한다 한들 누가 뭐라 하겠는가. 그런데도 어둠 속에서 인사한다는 것은 사랑과 존경의 관계가 아니고는 도저히 상상할 수 없는 풍경이었다.

차량의 불빛에 비친 그 아이의 모습은 참 오래도록 가슴에 남았다. 어쩌면 연일 매스컴에 오르내리는 씁쓸한 사건들 때문에 더욱 마음에 남았는지도 모른다. 체벌을 금지하라는 교육청의 지시에 '요즘처럼 말도 안 듣고 거친 아이들을 어떻게 훈육하느냐'는 반발에서부터 체벌을 안 하니까 아이들이 선생님에게 폭언을 하고 폭력마저 휘두른다는 소식에 이르기까지. 마치 닭이 먼저냐 달걀이 먼저냐를 따지듯 문제의 원인을 두고도 이런저런 논란이 많았다.

그러나 어느 날 어스름 저녁 '교사와 제자'가 그려낸 아름다운 수묵화는 잔잔하고도 애틋하게 그 모든 논란을 잠재우고 있었다. 그 어떤 설명도 필요 없이, 아주 간결한 실루엣만으로도.

교사는 힘들다

교사와 학생이라면 이처럼 아름다운 관계를 맺으며 즐겁게 배우기를 바라겠지만, 현실은 그리 녹록치가 않다.

"교사라서 행복합니까?"라고 물었을 때, 자신 있게 고개 끄덕일 사람은 과연 얼마나 될까. "학교 가는 게 즐겁니?"라고 물었을 때, 환하게 웃는 아이들은 과연 얼마나 될까.

하루에도 수십 명씩 만나게 되는 교실 속 교사들의 얼굴은 힘들어 보인다. 아이들 또한 수업이 즐거워 보이지 않는다. 교사도 아이도 교실에서 수업을 견디고 있다는 생각이 든다.

학교에서 교사들은 마치 허들경기를 하듯 매일 장애물을 넘고 있다. 그 가운데 교사를 가장 힘들게 하는 것은 무엇일까. 바로 배우는 목적과 의미를 잃고 수업을 거절하는 아이들이다. 또한 거칠고 삭막해지는 정신으로 폭력에 사로잡혀가는 아이들, 가족 간 불화와 가정 해체로 고민하며 허무를 향해 내달리는 아이들, 다른 사람과 사귀기를 거부하고 자신만의 방에 틀어박혀 있는 아이들…… 이러한 아이들의 위기가 교사의 어깨를 무겁게 짓누르고 있다.

"아이들만 상담할 게 아니라 저도 상담 받고 싶습니다."

쉰이 넘은 초등학교 여선생님이 눈물을 글썽이며 말했다.

정신과 의사들은 환자를 치료하면서 자신들도 치유를 받는다. 그만큼 누군가의 인생을 책임지고 고민을 들어주는 일은 힘이 든다. 우리나라 교사들도 아이들이나 학부모에 대해 일방적으로 헌신하고 무조건적으로 책임질 것을 요구받고 있다. 그래서 끝없이 헌신적인 노력을 기울이지만, 피로감과 고립감이 깊어지면서 자기 자신을 상실하고 결국엔 번아웃(burnout) 현상에 빠지게 된다.

번아웃 현상이란 간호사들에게 나타나는 과로 증후군을 의미한다. 간호사나 교사들에게 번아웃이 생기기 쉬운 데는 까닭이 있다. 둘 다 끊임없이 위기에 노출되어 있고, 무조건적인 헌신성을 요청받는 데다, 집단적인 업무이면서 고독한 작업을 강요받는 직업이기 때문이다.

또한 수업이 힘들어진 데는 교사의 전문성과 자율성이 보장되지 않는다는 데에도 원인이 크다. 교사는 자신의 직업을 전문가로 인식하고 있지만, 현실에서 제도적으로 전문가로 규정된 것도 아니고, 전문가로서의 권한이나 대우를 받고 있는 것도 아니다. 교육과정이나 수업 창조에서도 전문가로서의 자율성을 갖고 있는 것도 아니고, 전문가에 적합한 교육(대학원 단계의 교육)을 보장받고 있지도 않다.

교사는 의사나 변호사처럼 자율적인 전문가임에도 현실의 교사는 행정의 말단에서 서비스를 제공하는 공무원으로 일할 것을 요구받고 있다. 전문가라면 고객인 아이들 한명 한명의 배움과 발달에 책임을 져야 하지만 공무원으로서의 교사는 교육과정에 따라 교과 내용을 전달하고 교육청이 지시하는 업무를 수행하는 역할을 한다. 적어도 법규상은 이러한 일이 교사의 책무인 것이다.

공무원으로 행동하고 교육 전문직에 어울리는 일을 해주기를 요구받으면서 교사들은 '공무원으로서의 틀과 전문가로서의 기대' 사이에서 갈등하게 된다.

많은 교사가 교직이 갖는 매력을 '창조성'에서 찾고 있지만, 학교만큼 기계적이고 형식적이고 관행적인 절차로 매사를 처리하는 곳도 없다. 그리고 많은 교사가 교직의 매력의 하나로 '인도주의적인 윤리'를 들지만 학교만큼 도덕적 규범과 현실 행위 사이에 균열이 심한 곳도 없을 것이다.

교사는 외롭다

공무원으로서의 위치와 전문가로서의 기대 사이에서 교사는 누구에게도 이해받지 못하는 외로움을 체험한다. 어쩌면 교사는 고독을 견디는 직업인지도 모른다. 교실에서 아무리 곤란한 사태에 맞닥뜨리더라도 대역을 부를 수 없으니 말이다.

게다가 교실은 밀실이지만 학부모, 동료, 교장, 교육청 등 보이지 않는 시선들 속에서, 모든 것을 완전하게 혼자 책임져야 한다. 누구에게도 손 내밀 수 없는 외로움이 교사들의 마음을 짓누른다.

교사로서 살아가는 어려움은 학부모들과의 관계에서도 일어난다. 교사를 학원 강사만큼도 존중하지 않고, 입시 성공만을 관심사로 여기는 부모들, 자신의 책임을 내던지고 학교에 전적으로 의존하는 부모들, 교사에 대한 불신과 울분을 교장이나 교육청에 호소하는 이기적인 부모들을 대하면서 교사는 무력감을 느낀다. 교사가 아무리 신경을 써서 아이들에게 잘한다 해도 아이가 조금만 잘못되면 교사에게 모든 화살이 날아온다.

학교에서 교사와 학부모가 갈등이 생겼을 때도 교사 편을 들어주는 사람은 없다. 교장, 교감 선생님이라도 교사 편을 들어줘야 하는데, 이분들은 학부모의 말에 더 귀 기울인다. 그래서 교사들이 의로받고 기대 설 곳이 없다.

동료와의 관계도 교사로서 살아가는 어려움에 한몫을 하고 있다. 교육 신조에 벗어나는 행위를 공공연하게 요구하는 동료, 교육에 대한 희망도 아이들에 대한 신뢰도 이미 잃어버린 동료와 함께해야 하는 직장, 자기 몸 하나 지키기에 급급해서 지도력은커녕 간섭하고 제재만 하려 드는 관리자 밑에서 교사는 마치 섬처럼 고립된 존재가 된다.

흔히 교사가 고립되는 것을 두고 교직의 개인주의적인 성격으로 설명하기도 한다. 하지만 이는 학교 업무의 대부분이 집단주의적으로 조직되어 있다는 점을 무시한 것이다. 직원회의, 교무분장, 각종 위원회, 학년회, 교과협의회 등 복수의 조직에 겹겹이 속해 있는 상황에서 교사가 학교의 집단주의적인 문화로부터 자유로워지기는 어렵다.

집단적인 교사 문화는 교사가 단독자로서 자율성을 갖고 일하는 것을 막는다. 언제나 의견 일치를 요구하는 집단주의는 단독자를 허락하지 않는 전체주의로, 이 전체주의는 타자와 관계 맺기를 어렵게 하는 고립으로 이끈다. 게다가 집단적인 교사 문화는 관료주의와 형식주의의 온상이기도 하다. 이처럼 교사는 학교의 집단적인 문화에서 전문가의 요건인 자율성을 방해받고, 공동 경영 밑에서 오히려 더 고립되어 간다.

교사들 가운데 동료가 없는 경우 더 힘들어한다. 같이 이야기할 사람이 없어서 문제를 해결할 통로가 없어서다. 학교에서 일어난 일들을 다른 데 가서 얘기하면 화풀이는 되겠지만 결코 해결은 안 되기에 갈수록 허탈해지기 십상이다.

이와 같은 현실을 딛고, 교사로서 다시 일어서려면 무엇이 가장 필요할까. 바로 교사들의 정체성에 대한 자각과 '교사는 전문가다'라는 선언이다.

배움의 공동체, 교사로부터의 혁신

교사도 학생도 행복하지 않은 교실에 희망의 싹이 움트고 있다. 수업을 포기한 아이들이 배우는 교실, 교사들이 동료성을 중심으로 손잡는 학교. 바로 배움의 공동체가 심은 희망이다.

지금 '배움의 공동체'는 많은 교사에게 실천 가능한 개혁의 단어로 회자되고 있다. 배움의 공동체를 창시한 사토 마나부 교수는 진정한 교육개혁의 원칙을 '교육과정에 민주주의를 심고 교육의 공공성을 지키고, 발전시키는 것'에서 찾고 있다.

- 교직의 전문성과 학교의 자율성 강화
- 학생이 학습권에 기초하여 자신의 가능성에 도전할 수 있는 자유와 평등
- 학생과 청소년의 시민적 권리와 자유의 보장
- 지역 사회와 학교가 연대하는 '배움의 공동체'로, 열린 네트워크 구축

매년 위로부터의 교육 개혁, 학교 개혁에 시달려 오던 교사들에게 배움의 공동체는 신선한 충격과 함께 가르치는 일에 도전할 용기를 주었다. '교직의 전문성과 학교의 자율성'을 기반으로 한 교사들로부터의 개혁, 교실에서의 다양한 실천 사례가 희망을 주었기 때문이다.

배움의 공동체에 대한 호기심과 충격은 2002년 일본의 실천학교 탐방으로 이어졌다. 교사들의 요청으로 우리나라 방학 기간을 이용하여 일본 학교를 방문하여 실제 수업을 관찰하고 사토 마나부 교수로부터 직접 배우는 연구회를 마련했다. 지금도 매년 1월 탐방을 하고 있으며, 2012년 현재 일본의 실천학교를 방문한 우리나라 교사 및 교장은 무려 1천여 명에 이르고 있다.

일본의 학교를 직접 방문하고 돌아온 교사들을 중심으로 2004년부터는 우리나라에서도 '배움의 공동체' 만들기를 향한 도전이 시작되었다.

우리나라에서 배움의 공동체를 학교 개혁의 실천 개념으로 제일 먼저 받아들인 곳은 서울에 위치한 한 사립 초등학교였다. 이 학교에서는 교직경력 20년의 베테랑 교사가 주축이 되어 3학년 동학년회에서 수업 공개와 수업연구회를 중심으로 배움의 공동체 만들기를 시작했다.

그후 부산시 교육청에서는 배움의 공동체를 주제로 한 연구학교를 지

정했다. 일부 학교에서는 학교장이 배움의 공동체를 주제로 교육청 지정 연구학교를 운영하기도 했다.

지금까지 우리나라에서 '배움의 공동체'를 표방하면서 수업 중심의 학교 개혁을 추진했거나 현재 실천하는 학교는 전국에 공립 초·중·고등학교를 포함하여 수백여 개에 이른다. 이 가운데 현재 내가 정기적으로 방문하여 함께 참가하고 있는 학교만 120여 곳이다. 그리고 교사들의 공식·비공식적인 모임과 교실을 단위로 한 배움의 공동체 실천은 그 수를 헤아릴 수 없을 만큼 많다.

물론 이 학교들 가운데에는 성공적 성과와 함께 '배움의 공동체'를 학교 철학으로 받아들여 정착시켜 가는 학교가 있는가 하면, 연구학교 기간의 종료와 함께 막을 내린 학교도 있다.

사토 마나부 교수는 "학교가 바뀌려면 적어도 3년이 필요하다"라고 한다. 그런데 우리나라에서는 길어야 2년 정도 해보고 학교장이 바뀌고 연구부장 교사가 바뀌거나 연구학교 지정이 끝나면 없었던 일이 되어버리고 만다.

이 안타까운 현실은 우리나라 교육 행정의 실상을 아는 이라면 충분히 이해할 수 있을 것이다. 하지만 배움의 공동체에 대한 호기심은 지금도 많은 교사를 교사로서 거듭나게 하고 있으며 교사들의 공식·비공식적인 연구단체를 통해 수업에 대한 공감대를 형성하면서 인기를 더해가고 있는 것도 사실이다. 우리나라에서 배움의 공동체에 많은 교사가 관심을 보이는 데에는 이유가 있다.

첫째, '배움의 공동체' 만들기는 학교 현장의 교사들이 주축이 되어 추진하는, 밑으로부터의 학교 개혁이라는 점이다. 지금까지 학교 개혁은 주로 정부가 하향식으로 강행해 왔다.

　교실과 아이들의 실상도 제대로 파악하지 않은 채 일방적으로 내리는 개혁 명령에 학교가 바뀔 리 없고 아이들의 상태가 나아질 리가 없었다. 그러나 배움의 공동체는 누구의 강요에 의해서가 아니라 학교와 아이들을 가장 잘 아는 교사들의 자율적인 의지로 교실을 바꾸고 학교를 개혁한다는 것이 많은 교사로부터 호응을 받고 있는 것이다.

　둘째, 수업을 학교 개혁의 중심에 두고, 가르치는 기술보다는 아이들의 배움을 탐구한다는 점이다. 교사 일의 중심은 수업이다. 우리 사회는 수업 잘하는 교사를 높이 평가하며 정부는 여러 가지 방법으로 수업 연구와 수업 잘하는 교사를 지원해 왔다. 그것은 지금까지의 수업 연구가 교사의 수업 기술에만 초점을 맞추어온 데 따른 것이기도 하다. 하지만 수업 잘하는 교사가 반드시 아이들을 잘 배우게 하는 것은 아니다.

　배움의 공동체에서는 교사의 수업 기술로 수업을 개선해 가는 것이 아니라 학습자의 배움을 눈여겨 살피면서 개선하고자 한다. 바로 이 점이 교사들에게 수업을 보는 새로운 시선과 관점을 제공한다.

　셋째, 동료성을 기반으로 교사의 전문성을 길러간다는 점이다. 정부에서는 현직 교사들의 전문성을 높이기 위해 다양한 연수 프로그램을 실시하고 여기에 많은 교사가 참여하고 있다. 그러나 이러한 연수는 새로운 지식이나 정보를 얻게는 하지만 교사들의 수업 전문성을 기르는 데에는 한계가 있었다.

　수업을 개선해 가는 데 가장 영향력 있는 조언자는 바로 동료 교사다. 배움의 공동체는 동료 교사로부터 배우면서 함께 성장할 수 있는 방법을 교사들에게 제공하고 있다.

아이들 한명 한명의 배움은 존엄하다. 배움의 공동체는 바로 그 기본 철학을 중심으로, 수업 전문가로서 교사의 배움과 성장에 의미를 두고 있다.

행복한 수업은 교수 기술이 아니라 진정성에서 나온다

2010년 1학기 흥덕 고등학교를 방문했을 때 복도 한쪽에 교복이 죽 진열되어 있었다. 옷차림이나 헤어 스타일이 분방하고 아이들이 학교에 나오는 것만도 다행이다 싶은 학교에 교복이라니?

무슨 일이냐고 교장 선생님에게 물었을 때, 뜻밖의 대답을 들었다.

"아이들한테 교복을 입을까 말까 묻는 투표를 했는데, 애들이 교복을 입자고 한 거예요."

원래 아이들이 원하지 않으면 교복을 하지 않으려고 했다고 한다. 그런데 아이들에게서 교복을 입겠다는 의견이 나왔고, 더 놀라운 것은 교복을 입겠다는 표가 월등하게 많았다는 것이다.

아이들은 왜 교복을 입자고 했을까? 다른 학교 아이들은 교복을 안 입어도 된다고 하면 좋아할 텐데, 이 아이들은 왜 교복을 입겠다고 했을까. 교복의 디자인을 보고 있는 아이들을 보면서, 고개가 끄덕여졌다. '그래, 그랬구나.'

계속 학교 밖으로 밀려났던 아이들. 그런데 교복을 입으면 학생이라는 신분을 누구나 알아주고, 보호받을 수 있는 존재가 된다는 걸, 아이들은 몸으로 체험했던 것이다. 그래서 교복은 이 아이들에게 바람막이고 버팀목이었다. 그동안 학교 밖에서 얼마나 상처가 컸던가, 강한 척하지만 보호막을 원하는 아이들의 여린 마음이 느껴졌다.

지금도 그 학교에 가보면 교복을 제대로 입은 아이는 별로 없다. 말아 올리고, 접어올리고 나름 멋을 부리는 것은 여전하다. 그래도 교복을 입겠다고 선택한 이 아이들에게서는 자부심이 느껴진다. 그리고 이렇게 선언하는 것 같다.

'나도 학생입니다. 학교를 싫어한다고 배우기를 포기한 것은 아닙니다. 나도 여러분하고 똑같은 학생입니다.'

이 아이들의 변화는 배움의 공동체를 시작하고 한 해가 지났을 때 찾아왔다. 첫 해는 도무지 수업이라고 하기도 어려웠다. 그런데 배움의 공동체 수업을 한 지 1년 만에 아이들이 바뀌었다. 선생님에게 시시콜콜한 이야기를 털어놓고, 아침 등굣길에 아이들을 맞이하는 교장 선생님에게 제 손에 든 김밥을 드시겠냐고 권할 만큼 벽을 허물었다.

첫 해만 해도 '이런 아이들과 과연 수업이 이루어지겠는가' 싶을 정도로 어수선했던 교실이 머리를 맞대고 배우는 교실로 탈바꿈했다. '수업이 곤란한 학교'에서 '배우는 학교'로 바뀐 것이다. 딱 1년 만이었다.

어떻게 아이들이 이렇게 바뀔 수 있었을까. 여기저기 학교에서 내침을 겪고 세상 속으로 흘러 들어갔던 아이들이 이 학교에 와서 맨 처음 맞닥뜨린 것은 선생님들의 진심이었다.

"우리는 너희랑 잘 지내보고 싶다. 너희가 잘못하면 우리도 같이 벌을 받을 거야."

실제로 아이들이 잘못을 할 때 교사도 운동장 돌고, 같이 벌로 지리산 종주를 했다. 그래도 처음에 아이들은 마음의 문을 열지 않았다고 한다. '저러다 나중에 뒤통수치겠지' 하는 의심의 눈초리를 거두지 않았던 것이다. 그런데 1년 지나고 2년째 봐도 선생님들이 한결같으니까, 아이들이 완전히 반항의 깃발을 내려버렸다. 그리고 이제는 아이들이 선생님을 믿고 따르고, 선생님들 말 한마디 한마디가 아이들의 마음을 움직이게 하고 있다.

마음을 다스리는 6개월, 아이들이 달라진다

참 많은 수업에 들어갔다. 한 학교도 몇 번씩 들어갔고 개별 컨설팅까지 했고, 수업을 찍어서 보내는 분들의 컨설팅까지 하다 보니 개인 생활은 포기할 수밖에 없었다. 그래서 굉장히 힘들었지만 수많은 교실에서 아이들이 달라지고, 교사가 행복해하는 모습을 보면서 피로가 사라지고 새롭게 충전되는 느낌이었다.

수업은 햇수로 따지면 1년 만에 바뀌었고, 선생님 개인으로 보면 6개월이면 수업이 바뀌었다. 선생님이 진정성을 담고 노력한 6개월 만에 아이들을 항복시킬 수 있었다. 그러면 바뀌지 않는 수업이 없다. 물론 그 과정을 견딘 선생님의 가슴에는 사리가 생길 만큼 힘든 시간이었을 것이다.

행복한 수업에는 특별한 기술이 있는 게 아니다. 특히 중·고등학교는 진정성이 아이들에게 전달되는가, 마음이 전달되는가, 하는 것이 가장 중요하다. 그 진정성이 전달되면, 아이들은 반드시 달라진다. 경기도 홍덕 고등학교와 경남의 태봉 고등학교에서 선생님들과 함께 울컥할 정도로 확인할 수 있었다. 고등학교는 어려울 거라고 생각했는데, 그 아이들은 내 시선마저 바꾸어놓았다. 공부 안 하고 엎드려 자거나 딴 짓 하던 아이들이 완전히 바뀐 것을 보고 교사들은 눈물지었다.

그 변화를 위한 몸짓은 거창하거나 화려한 것이 아니다. 교사가 6개월 동안 목소리를 낮추고 아이들의 말에 귀 기울이면 된다. 아이들의 귀에 쏟아 붓던 말을 줄이는 습관부터 고치는 것이다. 물론 힘들지만 그 과정을 6개월만 견뎌내면, 아이들의 12년을 행복하게 만들 수 있다. 교사의 진정성 담은 6개월, 이것이 교실을 바꾼다.

사실 12년을 견디는 아이들도 있잖은가. 초등학교 입학해서부터 재미도 없고 의미도 없이 12년 동안 학교를 다니는 아이들. 그래서 학교에서 벗어나는 날만 손꼽아 기다리는 아이들. 교사가 6개월만 견디면 그 아이들이 환하게 웃을 수 있는데, 학교에 가고 싶어 하도록 만들 수 있는데, 왜 못하겠는가. 더불어 교사들의 하루하루도 행복한 에너지로 충전될 텐데 말이다.

단순히 수업 기술을 터득하려고 하면 핵심에서 멀어진다. 나를 바꾸는 것, 교사로서의 정체성을 세우는 것, 이것이 본질이다. 교사로서의 마음과 삶을 다스리는 6개월, 그 시간이 아이들에게는 희망이 될 수 있다.

차례

추천의 글 '21세기형 학교'를 실현하는 가장 훌륭한 텍스트 5
시작하는 글 배움의 공동체, 지난 10년의 기록 8
프롤로그 교사의 진정성 담은 6개월, 아이들의 12년을 행복하게 한다 11

1장 아이들은 배우기를 원한다

1. 교실의 주인공은 학생이다 31

수업을 포기하는 아이들 32
아이는 배움에 능동적이다 33
수업의 구경꾼이 아닌 주인공으로 38
21세기는 창의적이고 협동하는 인재를 원한다 41
배움의 공동체는 매뉴얼이 아니라 '철학' 46
믿어주면 아이들은 배움을 포기하지 않는다 48
아이들은 따듯한 품에서 배우기 원한다 52

2. 서로 배움, 잘하는 아이와 못하는 아이가 함께 성장하다 55

아이들에게 배움은 희망이다 56
대화는 배움을 일으키는 중요한 도구 60
수준별 수업이 성적을 올린다는 환상 63
전국 꼴찌 학력에서 상위권으로 65
'아이들이 학교에 가고 싶어 합니다' 67

3. 배움의 재구성, 아이들이 달라진다 70
　'이젠 수업 시간에 안 자요' 71
　'친구가 설명하면 쉬워요' 73
　'어려운 문제지만 한번 해볼래요' 75
　'친구에게 물어볼 수 있어서 좋아요' 77

2장 교사는 전문가다

1. 가르치는 전문가에서 배우는 전문가로 83
　교사가 되고부터 교사가 된다 85
　수업이 어렵다고 느낄 때 성장할 수 있다 87
　꾸미지 않은 일상 수업을 공개하다 89
　교사의 동료성, 전문가로서의 연대 91

2. 아이들의 배움을 살리는 교사의 역할 94
　서로 들어주고 배우는 관계 맺기 95
　아이들을 변화시키는 교사의 말과 표정 98
　연결 짓기 배움과 태움을 잇다 101
　불필요한 개입 없이 배움을 관찰하다 103
　되돌리기, 주제를 다시 만나게 하다 105
　잘하는 아이가 못하는 아이를 가르치지 않는다 107
　쓰기보다 교류가 우선이다 110

3. 수업 디자인 I : 교과서를 활용한 교재 연구 113

    수업은 살아 있다, 디자인은 단순하게 114

    교사의 전문성은 교재 연구의 깊이에서 나온다 116

    교과서를 활용하다 119

    진도에 대한 딜레마, 양이 아닌 질로 해결하다 121

    도전 과제로 배움의 점핑 124

    교과의 벽 허물기 128

4. 수업 디자인 II : 활동, 협동, 표현하는 배움으로 132

    수업 시작에 주제를 던진다 133

    아이들의 활동이 구체적인 사물, 현실세계와 만나다 136

    친구와 활동하고 표현을 공유하다 138

    '나'를 표현하다 142

5. 수업연구회, 교사가 아닌 아이들을 보다 146

    '아이들을 보는 수업은 처음이에요' 147

    수업에서 본 구체적인 사실을 이야기한다 148

    수업을 관찰하고 기록하는 방법 152

    임상 연구를 통해 전문가로 거듭나다 156

3장 수업을 이야기하다

1. 고등학교 : 엎드려 자는 아이가 없는 교실 161
  수업 1 : 수준을 뛰어넘어 함께 가기 162
  수업 2 : 재미있는 시청각 자료를 활용하기 177

2. 중학교 : 수업은 치유다 190
  수업 3 : 나를 표현하고 서로를 이해하는 공감 192
  수업 4 : 직접 만든 실험 도구를 활용한 탐구 203

3. 초등학교 : 서로 귀 기울여 듣고 배우다 222
  수업 5 : 차분하게 듣고 교재와 연결 짓기 224
  수업 6 : 교과서 문제를 활용하여 매력적인 문제 만들기 234

에필로그 학교가 배움과 연대의 문을 열다 242

1장

아이들은
배우기를 원한다

"선생님, 저 공부하고 싶은데 지금 해도 늦지 않겠지요?"
공개 수업이 끝난 뒤 한 아이가 교사에게 말했다.
수업 시간에 엎드려 자고 무기력하게 지내던 아이였다.
그런 아이가 수업을 통해 살아나 희망을 말한 것이다.
"이제 저도 배우고 싶어요"라고.

1
교실의 주인공은 학생이다

잠자는 학생 7명

아무 생각 없이 앉아 있는 학생 7명

살살 눈치 보면서 끊임없이 잡담하는 학생 3명

열심히 듣는 것 같지만 내용을 이해하지 못하는 학생 10명

제대로 따라오면서 질문하고 답하며 내용을 잘 이해하는 학생 5명

중학교 2학년 선생님이 짚어본 수업 풍경이다.

"솔직히 지금까지 내용을 잘 이해하는 5명을 위한 수업을 진행했다고

할 수 있습니다. 그러다 보니 교실에 들어가 수업을 진행하는 내내 마음이 답답했고, 교사로서 결코 행복하지 않았습니다."

그러나 이 선생님이 고백하는 수업 분위기는 한 교실, 한 학교에서 벌어지는 일이 아니다. 대한민국의 학교에서 흔히 볼 수 있는 풍경이고, 학생도 교사도 행복하지 않은 수업 시간이 지금 이 순간에도 전개되고 있다.

얼마 전 만난 초등학교 선생님에게 "요즘 수업이 어떻습니까?"라고 묻자 대뜸 한숨을 쉬었다.

"아휴, 혼자 두더지 게임 하고 있습니다."

돌아다니는 아이에게 "앉아라" 해놓고 돌아서면, 또다른 곳에서 아이들이 떠든다. "조용히 해라" 하고 돌아서면 또 한쪽에서는 다투었는지 울고 있다. 길거리에서 하는 두더지 게임처럼 한 명 잡으면 또다른 아이가 튀어 올라서, 수업 시간 내내 아이들을 지적하느라 진도 나가기조차 힘들다는 것이다.

이처럼 어수선한 수업 분위기는 학교 현장에서 숱하게 확인할 수 있는 모습이기도 하다. 그런데 요즘은 초등학교 아이들이 산만한 데에서 그치는 게 아니라 심지어 엎드려 자는 아이까지 생겨나고 있다.

수업을 포기하는 아이들

얼마 전까지만 해도 수업을 포기하고 엎드려 자는 것은 중학교 2학년 교실부터 흔히 볼 수 있는 풍경이었다. 그런데 이제는 초등학교 5, 6학년 교실에서도 쉽게 발견할 수 있다. 수업은 수업대로 흘러가고, 엎드려 자거나 딴 짓 하면서 시간을 보내는 아이들의 수가 많아졌다. 초등 교실에서까지 엎드려 자는 아이들이 늘어간다는 것은 그만큼 교육 현장의 위기 수위가 높아졌음을 보여준다.

한 고등학교를 방문했을 띠, 어느 교실에서는 3분의 2가 엎드려 자고 있었다. 외부에서 손님이 와도 아랑곳하지 않았다. 옆에서 일어나라고 건드리니까 오히려 짜증을 내서, 수업 교사가 미안해할 정도였다. 이런 아이들을 상대로 수업하는 고사의 심정은 얼마나 참담하겠는가.

"요즘 아이들은 정말 가르치기 힘듭니다. 어찌나 말도 안 듣는지 징그러울 정도예요."

많은 교사가 질렸다는 표정으로 고개를 절레절레 흔들며 한탄을 한다. 그런데 수업 시간에 엎드려 자는 아이들의 심정은 과연 어떠할까.

"일어난다고 인생이 달라질 것도 없고 잔다고 더 나빠질 것도 없어요."

이 고등학생의 이야기에서, 한창 꿈을 키워야 할 나이에 벌써 인생을 포기한 아이들의 허탈한 마음을 읽을 수 있다. 이처럼 어린 나이에 배움을 포기한 아이들이 갈 곳은 과연 어디일까. 가정에서 구박받고 학교에서 소외되며, 결국 학교 안팎에서 각종 사고를 일으키는 소위 문제 학생이 되어간다. 이 아이들의 문제를, 흔히 단정 짓듯이 공부와는 담 쌓고 살기 때문에 일어나는 개인적인 문제로만 볼 수 있을까.

아이는 배움에 능동적이다

초등학교 1학년 국어 수업에 들어갔을 때다. 이중 모음을 순서에 맞게 정확하게 쓰는 연습을 하고 있었다. 그 가운데 한 글자는 '왜' 자이다. "왜, 왜"라고 소리 내며 한획 한획을 적다 말고 한 아이가 목소리를 냈다.

"참외는 아닌데."

선생님은 들었는지 못 들었는지 아무 반응이 없었다. 아무도 안 들어주니까 그 아이는 부끄러운 듯한 표정으로 이번에는 노래 부르듯이 말했다.

"참외는~ 아닌데~"

그 말을 듣고 선생님이 말했다.

"조용히 하고 빨리 써라."

아이가 왜 계속 '참외는 아닌데'라고 할까 궁금해서 아이의 공책을 보았다. 아이는 공책의 여백에 '참외'를 적어놓고, 참외의 '외' 자에 동그라미까지 해놓았다. 아이는 '왜, 왜' 하다 보니까 참외가 생각나서 참외를 적었고, 그 순간 중요한 사실을 발견했다.

'어, 참외도 '외'라고 하는데, '왜' 하고는 다르네?'

아이는 '소리는 같지만 글자는 다른 것도 있다'는 것을 찾아낸 것이다. 이것은 초등학교 1학년보다 높은 수준의 배움이다. 선생님은 '왜' 자를 순서대로 정확하게 쓰라고만 했는데, 아이는 '왜' 자를 배우는 활동을 매개로 더 높은 수준으로 나아갔다.

그때 이 아이의 말을 선생님이 무시하지 않고 받아주었다면 어땠을까.

"오늘 친구가 중요한 걸 발견했네. 무슨 이야기인지 같이 들어볼까?"

그러면 '소리는 같지만 글자는 다른 것도 있다'는 걸 나중까지 기다리지 않고도 오늘 배울 수 있다. 한 아이의 발견을 전체 아이의 배움으로 확산할 수 있다. 그런데 선생님들은 이런 상황에서 보통 어떻게 대처하는가.

"그건 나중에 배울 거니까 다음에 하자."

정해진 진도와 형식에 신경 쓰느라 아이들의 목소리가 잘 들리지 않는다. 아이의 배움과는 상관없이 교사의 일방적인 가르침만이 존재하는 것이다. 이러한 교실 풍경의 배경에는 오랫동안 길들여진 하나의 학습 이론이 자리하고 있다. 바로 행동주의 학습 이론이다.

지금까지 행동주의 학습 이론은 '교육의 만능 고약'이라고 불렸다. 옛날에 고약이 외상의 만병통치약이었듯이 행동주의 학습 이론이 교육의 만병통치약으로 알려진 것이다.

그런데 이 이론에는 치명적인 문제가 있다. 왓슨, 파블로프, 손다이크의 행동주의 학습 이론은 학습을 개인의 경험이나 훈련에 의해 점진적으로 형성되는 것으로 본다. 그러면서 아이들의 배움은 개, 쥐, 비둘기 등 동물을 대상으로 한 자극과 반응의 실험에 기초한 과학적 원리로 설명해 왔다.

그 뒤를 이은 스펜스, 톨먼, 스키너의 학습 이론은 자연과학적 방법론에 의해 모든 아이, 모든 교사, 모든 내용, 모든 상황에 보편적으로 타당한 일반적인 원리나 법칙을 제공하고 수업과 학습, 평가의 실천에 적지 않은 영향을 미쳐왔다. 그 결과 우리 교육계에서는 늘 '열심히 가르치면 열심히 배운다' '교육의 실패는 교사의 실패'가 이야기되어 왔던 것이다.

여기에는 행동주의 학습 이론의 중요한 전제가 들어 있다. 바로 학생은 수동적인 존재라는 것이다. 그래서 학생의 상태나 배움의 수준, 반응 등에 대해서는 별로 관심을 기울이지 않는다. 오직 교사가 어떻게 가르칠 것인가에만 집중한다. 학생은 교사가 주는 만큼 받으므로 교사는 쉬지 않고 가르침을 쏟아내야 한다. 그리고 그 내용이 오래 기억되도록 아이들에게 반복해 주어야 한다. 학생은 교사가 열심히 전달하는 내용에만 귀 기울이면 된다.

이에 따라 수업의 흐름은 일방적으로 흐를 수밖에 없었다. 그런데 1960년대 말 필립 잭슨의 '잠재적 교육과정'이라는 새로운 개념의 등장은 의도한 학습 결과만을 교육과정으로 보는 것에서 한 걸음 나아가 아이들의 경험에 주목하기 시작했다. 그리고 아이들은 공식적인 교육과정을 통한 교과 내용뿐만 아니라 그와 무관하거나 상반되는 내용에 대해서도 학습하고 있음을 발견했다.

이러한 발견은 '학생들이 수동적인 존재만이 아님을 우리에게 알려준다. 교사가 무조건 열심히 가르치면 아이들은 열심히 배우는 줄 알았더니, 아이들 속에서 배움이 다양하고 복합적으로 일어나고 있음을 발견한 것이다.

그런데 우리의 교육 현장은 아직도 그러한 다양성을 인정하지 않고, 아이들을 빵 틀에서 찍어내는 빵처럼 취급하고 있다. 거기에는 학교의 시작과 관련된 고정관념이 있다.

산업혁명 이후 19세기말은 산업사회가 요구하는 가치가 확대되었다. 기계화, 대량 생산이 확산되는 시기였던 만큼 학교도 공장을 모델로 생겨났다. 그러니까 공장이 학교가 되고, 공장장이 교장이고, 기술자는 교사이고, 원자재에 해당하는 것이 학생이다. 생산 라인이 교육과정이고, 그 생산 라인(교육과정)을 거치고 나면 졸업과 함께 완제품을 내보낸다.

또한 교사는 기술자이다 보니 밀가루와 빵 틀만 주어지면 언제 어디서나 똑같은 빵을 만들어내야 한다. 아이의 수준과 반응에 상관없이 틀에 맞춰 찍어내는 것이다. 그러한 관점이 21세기를 사는 오늘에도 지속되고 있다. 우리 교육계의 불행한 현주소다.

아이가 '왜'라는 이중 모음의 글쓰기에서 '왜'와 '외'의 차이를 발견해내

듯이, 선생님이 던져주는 범위에서만 배움이 일어나는 것이 아니다. 아이들은 수동적인 존재가 아니라 능동적으로 배움을 구성할 줄 아는 능력이 있어서다.

또한 정해져 있는 일정한 기능과 지식을 저장하는 것이 배움은 아니다. 배움은 사물이나 사람을 매개로 하는 활동을 통해 의미와 관계를 구성한다. 초등학교 1학년이 '왜'라는 글자를 쓰는 활동을 통해 거기에서 또다른 관계를 발견했을 때, 의미와 관계를 구성한 것이다. 바로 그게 배움인 것이다.

교사는 바로 그 순간을 놓치지 않아야 한다. 그러면 배움을 발견한 아이뿐 아니라 다른 아이들의 지적 호기심까지 북돋울 수 있다. 그러려면 교사에게 가장 필요한 덕목이 무엇일까. 바로 아이들에게 관심을 기울여야 한다는 것, 아이들의 목소리에 귀를 기울여야 한다는 것이다.

결국 아이들이 배움에서 멀어지는 것은 아이들만의 문제가 아니다. 아이들이 원래 배움에 수동적인 것이 아니라, 학교에 들어가 교육의 과정에서 수동적으로 변해간다.

사람은 누구나 '내가' 주체적으로 무언가를 찾고 발견할 때는 의욕이 생기고 배움에 도전하게 되지만, 일방적으로 전달하는 내용을 들을 때는 집중력이 오래 가지 않는다. 배워야 할 내용에서 점점 멀어지다 보면 모르는 내용이 많아지고, 결국 더 이상 배우기를 포기하는 지경에 이르고 마는 것이다.

수업의 구경꾼이 아닌 주인공으로

교사가 교과서를 중심으로 칠판에 쓰며 획일적으로 가르치고, 아이들은 따라 쓰며 공부하는 일제식, 강의식 수업은 이미 전 세계에서 사라져 버렸다. 고작 동아시아에서 한국·일본·중국·대만 정도에서도 일부만 유지되고 있다고 한다.

교사의 일방적인 가르침만 존재하는 교실에는 교사만 있을 뿐 아이들은 수업의 구경꾼으로 소외될 수밖에 없다. 아이들의 반응이나 배움에 상관없이 진도에 맞춰 일방적으로 진행되는 수업이다 보니 교실에 가르치는 교사만 존재할 뿐, 아이는 배움의 주체가 되지 못한다.

교사가 아무리 열정적으로 가르쳐도 대다수의 아이가 한 귀로 듣고 한 귀로 흘려버린다. 그래서 교사는 소리를 높여가며 열심히 가르치는데, 엎드려 자는 아이들은 점점 늘어난다. 교실에서 교사와 학생은 점점 분리되어가고, 학년이 올라갈수록 수업을 포기하는 아이들이 늘어만 간다. 교실 안에서 교사와 학생이 '배움'이라는 공통분모로 만나지 못한 채, 평행선을 달리는 탓이다.

이러한 어려움에 새로운 도전을 가능하게 하는 학습 이론 중의 하나가 구성주의 학습론이다. 그중에서 비고츠키의 근접발달영역은 학습자에게 배움이 어디에서 어떻게 일어나는지 잘 설명해 주고 있다.

근접발달영역은 배움의 가능성을 의미하는 것으로, 배움은 학생이 혼자 도달할 수 있는 수준과 교사나 친구의 도움으로 달성할 수 있는 수준 사이에서 일어난다는 것이다. 여기서 주목할 것이 바로 '교사와 친구의 도움으로' 달성하는 지점이다. 이것이 바로 배움의 공동체에서 말하는 '함께하는 배움'이다.

비고츠키의 근접발달영역에 의하면 배움은 누군가의 도움을 받는 '협동'이다. 일반적인 언어로 표현하자면 공부를 서로 도우며 한다는 것인데, 우리나라의 교육에서는 매우 낯선 말이다. 협동보다는 경쟁이라는 단어에 익숙한 탓이고, 그러한 경쟁적인 수업 문화의 배경에는 입시가 자리하고 있다.

입시 문제는 학교 교육에서 가장 두텁고 높은 장벽이어서 그 현실로부터 자유로운 학교는 거의 없을 것이다. 그래서 학년이 올라갈수록 시험 성적이 중요해지고, 시험에 나오는가 안 나오는가에만 관심을 집중하는 수업이 되고 만다. 이 때문에 배움의 질은 크게 떨어지고, 학교에서도 성적이 좋은 아니, 좋은 대학에 갈 아이들 중심으로 선택적인 수업을 한다.

또한 사교육으로 선행학습을 하는 아이가 많기 때문에 교사들은 그것을 감안하고 빠르게 진도를 나가기도 한다. 그러다 보면 선행학습을 하지 않은 아이, 학습이 뒤처진 아이들은 점점 더 소외된다. 결국 수업에서 주인공이 아닌 구경꾼으로 밀려난 아이들은 점점 배움의 즐거움으로부터 멀어지고 급기야 수업을 포기하고 만다.

이처럼 우리는 경쟁을 효율적이거나 혹은 어쩔 수 없는 현실적인 선택으로 받아들인다. 그러나 경쟁이 아니라 협동하며 학력도 높이는 교실이 있다면 어떨까. 잠자는 아이들이 모두 일어나 눈을 반짝이고 배움에 빠져드는 교실이 있다면 어떨까.

모두가 꿈꾸었으나 다만 꿈일 뿐이라고 여겼던 수업이 바로 배움의 공동체를 통해 이뤄지고 있다. 사토 마나부 교수는 예순이 넘은 지금도 일주일에 학교 두 곳에 들어가고, 연구 관찰한 수업만 1만 개가 넘는다.

일본 모토요시와라 중학교 수업. 학생들이 내용을 어려워하는 친구의 질문에 대답하며 함께 이야기하고 있다.

대학교수가 이처럼 현장을 많이 다니고 잘 아는 사람은 없을 텐데, 이론의 지가 아니라 실천의 지만이 진정한 수업 혁신을 이뤄갈 수 있다고 믿어서다. 강의실이나 연구실에서 만들어내는 이론이 아니라 교실에서 아이들을 관찰하며 생생한 발견을 통해 혁신을 이뤄낸다는 것이다.

일본의 배움의 공동체는 1998년 초등학교인 하마노고 소학교를 중심으로 시작해 지금 3천 개교가 넘는다. 매년 그 수가 늘어나고 있는데, 교육과정이 바뀌면서 질 높은 교육에 대한 관심과 노력이 많아져서다.

무엇보다 중요한 것은 3천 개의 학교가 배움의 공동체를 지속하고 있다는 점이다. 15년이 넘어서 교장, 교사, 아이들이 바뀌었는데도 공교육의 모델로 유지되고 있다. 문부성이 만들어낸 게 아니라, 현장의 교사들이 만들어 유지하고 있다는 것이 자랑할 만하다.

일본에서 배움의 공동체가 폭발적으로 성장한 데는, 주목할 만한 성과 때문이다. 수업 시간에 자는 아이가 사라지고 학교 가는 걸 싫어하는 아이가 줄어들어 결석률이 크게 줄었다. 또한 성적도 눈에 띄는 향상을 이루었다.

특히 성적은 꼴찌이고 말썽은 많았던 학교들이 배우는 학교로 변신했다는 점에서 주목을 받고 있다. 악명이 높았던 시즈오카 현 가쿠요 중학교는 현내 꼴찌에서 상위군으로, 모토요시와라 중학교는 바닥에서 전국 상위 20퍼센트대로 올라서기까지 했다. 이러한 성과들은 교사와 아이들이 서로 배우고 협력하며, 함께 성장한 데서 비롯되었다.

21세기는 창의적이고 협동하는 인재를 원한다

심리학 영역에서는 경쟁적 환경과 협동적 환경 가운데 어느 쪽이 더 생산성이 높을까에 대해 수많은 연구를 해왔다. 많은 결과가 경쟁적인 개인 학습보다 협동적인 그룹 학습 쪽이 생산성이 높음을 입증하고 있다. 바로 협동의 힘인데, 이것은 21세기가 원하는 중요한 가치이기도 하다.

심리학자 미하이 칙센트미하이는 『몰입의 즐거움』에서 협동의 중요성을 다음과 같이 지적했다.

창조적인 사람들은 다른 사람을 만나 이야기를 듣고 의견을 나누며 서로의 작업에 대해 이해를 넓히는 것이 무엇보다 중요하다고 이구동성으로 말한다. 물리학자 존 아치볼드 휠러는 단도직입적으로 이렇게 주장한다. '다른 사람들과 어울리지 않으면 낙오하기 십상이다. 남의 도움 없이

미국 보스턴의 4학년 수학 수업이다. 책상이 없고 테이블에서 함께 배운다. 한 교실에 5개 정도의 테이블이 놓여 있다. (ⓒ사토 마나부)

핀란드 초등학교 복식 학급의 교실이다. 3, 4학년이 한 줄씩 앉아 같은 주제로 공부한다. 2년간 같은 내용을 배우게 된다. 3학년 때는 4학년에게 배우고, 4학년 때는 3학년을 가르쳐주면서 배운다. (ⓒ사토 마나부)

핀란드 중학교의 프로젝트 학습 장면이다. 프로젝트 형 배움을 추진하는 학교가 좋은 성적을 내고 있다. (ⓒ사토 마나부)

큰 인물이 될 수 없다는 것이 나의 지론이다.'

21세기는 창의적이면서 협동할 줄 아는 인재를 원한다. 개인 작업이 아니라 프로젝트에 따라 팀으로 일하는 직장이 늘어가면서 함께 아이디어를 내고 협동하는 능력이 중요해졌다.

심지어 노벨 과학상도 혼자 받는 게 아니라 공동 수상하는 사례가 많아졌다. 한국과학기술기획평가원(KISTEP)이 발간한 보고서에서는 노벨 과학상 수상 현황을 다음과 같이 분석해 놓았다.

공동 수상 비율은 1950년대를 기점으로 50퍼센트를 넘어 2000년대 들어서는 90퍼센트 수준에 이르렀다. 이는 첨단 과학의 다형화·융복합화에 따라 개인 연구의 한계와 연구 실패 부담을 최소화하고 연구자들이 각자의 전문성을 상호 보완할 수 있는 집단 연구가 늘고 있음을 보여준다.

21세기 학교는 질 높은 배움과 한 아이도 배움으로부터 소외되지 않는 평등한 배움을 동시에 추구한다. 그래서 '목표를 세우고 평가하는' 문제풀이식 수업에서 '주제를 탐구하고 표현하는' 문제해결적인 수업으로 바뀌고, 협동적 배움이 주류를 이룬다. 피사 시험에서 좋은 성적을 거두는 핀란드, 캐나다, 호주, 뉴질랜드 등이 대표적인 예다.

이제까지는 수업의 질과 평등을 대립적으로 생각해서 '수업의 질이 높으면 평등하지 않고, 평등하면 질이 낮다'고 여겼다. 그러나 피사 시험에서 좋은 성적을 거두는 나라를 보면, 수업의 질과 평등을 같이 추구하는 학교만이 성공한다는 것을 보여준다.

배움의 공동체는 중국에서도 활발하게 움직이고, 주목할 만한 성과를 보이고 있다. 사토 마나부 교수는 상하이의 협동적인 학습 분위기에 대해 다음과 같이 설명했다.

2009년 상하이에서 처음으로 피사에 참가했는데, 읽기, 수학, 과학 분야에서 모두 1위를 했다. 그보다 더 중요한 점은 하위권의 점수가 높아서 저학력이 거의 없었다. 피사 조사에서는 레벨 1에서 6까지 있는데, 한국과 일본은 제일 낮은 레벨 1이 16퍼센트 정도다. 그런데 상하이는 레벨 1이 4퍼센트였다.

상하이를 포함해 호주, 핀란드, 캐나다는 교육 레벨이 높고 학력 격차가 적다. 흔히 교사들은 교육 수준을 높일수록 못하는 아이들이 더 많아지지 않을까 생각하지만, 피사의 조사 결과는 다르게 나타났다. 교육 수준이 높은 나라일수록 격차가 적고, 학력이 낮은 나라일수록 저학력이 많다. 이는 질과 평등을 동시에 추구하는 것이 중요하다는 것을 보여준다.

상하이에서는 왜 저학력 아이가 적게 나왔을까. 스무 개의 교실을 보면서 그 비밀을 찾을 수 있었다. 가령 한 교실에 학력이 낮은 아이가 6명 있다면, 일본의 교사는 한 수업에서 여섯 명 가운데 두세 명만 활약을 시키는데, 상하이는 전혀 달랐다. 스무 개의 학급이 다 저학력 아이가 똑같이 발언하거나 발표할 기회를 만들어주었다. 그래서 학력이 낮은 아이들도 자신만만했다. 또 하나의 비밀은 도전 과제의 수준을 높게 정하되, 학력이 낮은 아이들의 질문을 중심으로 풀어가는 수업에 있었다.

바로 교실 안에서 질 높은 배움이 평등하게 이뤄지는 것이 학력 향상의 배경이었다. 저학력 아이도 자신만만하게 수업에 참여하고 있다는 것은 주목할 만한 장면이다. 한 아이도 수업을 포기하지 않고, 배움에 함께하고 있다는 것이기 때문이다. 이런 아이들에게 배움은 결코 어렵거나 힘든 과정이 아니고, 자신을 성장시키는 즐거운 과정일 것이다.

배움에 대한 즐거운 경험은 매우 중요하다. 이는 능동적으로 배울 수 있는 역량으로 연결되는데, 평생교육 시대에 매우 중요한 자질이다. 새로운 노동시장은 지식, 정보, 토지, 교육, 대행 서비스를 중심으로 한 노동으로 변화하고 있다. 지적 수준이 고도화된 사회로 이행하는 시대에 높은 교양과 평생 배울 수 있는 소양이 그 무엇보다 중요해졌다.

또한 교사도 배우고 진화해 가야 한다. 오늘날 복잡하고 고도화된 사회는 교사에게 폭넓은 교양과 고도의 전문적인 지식을 요청하고 있다. 그래서 지금 세계의 교육 정책은 교사의 전문적 성장에 초점을 맞춘다. 어떻게 하면 교사가 전문가로서 성장할 것인가 하는 것이 현재 교육 개혁의 과제 중 하나다. 질 높은 교육을 위해서는 먼저 교사의 교양과 지적 수준이 높아져야 하기 때문이다.

배움의 공동체는 수업 임상을 통해 배우는 전문가로서 교사의 가치를 세우고, 전문성과 자율성을 높이는 것을 중심 과제로 삼고 있다. 교사와 학생이 함께 배우며 성장해 가는 것, 배움의 공동체가 21세기에 폭발적으로 성장하는 배경이다.

배움의 공동체는 매뉴얼이 아니라 '철학'

'한 명의 아이도 배움으로부터 소외되지 않는, 질 높은 배움을 보장하자.' 이것이 배움의 공동체의 기본 철학이다.

그런데 많은 사람이 흔히 묻는 말이 있다.

"매뉴얼은 없나요?"

이런 질문은 정해진 지침에 따라 실천하는 것에 익숙한 데서 나온다. 그러나 배움의 공동체는 매뉴얼이 아니라 철학이다. 철학을 중심으로 교사가 수업을 창조해 가는 것이다. 그래서 배움의 공동체 수업은 틀에 박히지 않고, 교사와 학생이 능동적이고 창조적으로 만들어낼 수 있다.

사토 마나부 교수는 '배움의 공동체는 다음 3가지 철학적 원리에 의해 운영된다'고 한다.

첫째는 공공성(public philosophy)이다. 학교는 공공적인 사명과 책임에 의해 조직된 장소이고, 교사는 그 공공적인 사명과 책임을 맡고 있는 전문가이다. 학교의 공공적인 사명과 이를 담당하는 교사의 책임은 학생 한명 한명의 배울 권리를 실현하고 민주주의 사회를 실현하는 것에 있다.

학교가 책임지는 공공성의 또다른 의미는 학교가 공공의 공간으로 열려 있다는 것이다. 공공성은 학교와 교실의 공간이 안과 밖으로 열려 다양한 삶의 방식과 사고방식이 '대화'라는 커뮤니케이션을 통해 교류되는 것을 의미한다.

아무리 수업을 잘하는 교사라 해도 수업을 열어서 공개하지 않는다면, 아이들을 사물화하고 교실을 사적인 영역으로 만들고 있는 것이다.

또 아이들이 배울 권리를 쉽게 저버리는 교사도 있다. 그래서 "저 아이가 수업에 안 들어오는 게 모두를 위해 좋다"라고 말하기도 한다. 그러나 그것은 배움의 공공성을 포기하는 것이다. 모든 아이가 배울 수 있도록 돕는 것이야말로 교사에게 주어진 긍정적인 책임이다.

둘째는 민주주의(democracy)다. 학교 교육의 목적은 민주적인 사회를 만드는 데 있고, 무엇보다 학교가 먼저 민주적인 사회 조직이어야 한다. 여기서 민주주의는 단순히 정치적인 절차가 아니다. 교육 철학자 존 듀이가 정의했던 것처럼, '다른 사람과 함께 살아가는 방법'을 말한다. 민주주의의 원리로 조직된 학교에서 학생, 교사, 학부모는 각각 고유한 역할과 책임을 지고 학교 운영에 참여해야 한다.

지금 아이들을 움직이는 원리는 경쟁이다. 함께 살아가는 게 아니라 나만 사는 것이다. 그러나 아이들이 서로 배울 수 있는 관계를 만들어내면, 다른 사람과 함께 살아가는 방법까지 배울 수 있다.

존 듀이는 교육의 가능성을 '의존성'이라고 표현했다. 우리가 흔히 의존이라고 하면, 누군가에게 기대기만 한다는 부정적인 인식이 있다. 그러나 남을 도와줄 수 있고 도움을 요청할 줄도 알아야 배울 수 있고 관계 맺을 수 있게 된다. 그런데 지금 아이들은 두 가지 다 하지 못한다. 모르는 게 있어도 도움을 요청하지 않고, 가르쳐달라는 말도 하지 않고 혼자 끙끙거리다 배움을 포기하고 만다.

셋째, 탁월성(excellence)이다. 가르치는 활동, 배우는 활동은 모두 탁월성의 추구를 필요로 하고 있다. 여기서 말하는 탁월성이란 타인과 비교하여 우수하다는 의미가 아니다. 스스로 최선을 다하여 최고를 추구한다는 의미다.

경쟁을 통해 탁월성을 추구하면 누군가는 우월감을 갖고 누군가는 열등감을 가질 수밖에 없다. 하지만 스스로 최선을 다해 최고를 추구하는 탁월성은 교사나 학생 모두에게 신중함과 겸허함을 가져다준다.

　탁월성 추구는 '발돋움과 점프가 있는 배움'으로 실현할 수 있다. 경쟁을 통해서 우열을 가리는 게 아니라 아이들 한명 한명이 스스로 최고가 되고자 하는 것이다. 그때 배움은 아이들에게 희망이 된다. 그러면 아이들은 '열심히 해보니까 되는구나' 하고 느끼며 배우는 즐거움을 깨닫게 된다.

　이처럼 한 명의 아이도 배움으로부터 소외되지 않고, 질 높은 배움을 실현하는 학교를 만드는 데 필요한 것이 있다. 바로 정신적인 자양분, 믿음과 관심이다. 학교가 아이들이 믿고 의지할 수 있는 따뜻한 공간이어야 한다는 것이다.

믿어주면 아이들은 배움을 포기하지 않는다

　다음은 서울 초·중·고교 학업 중단 학생 실태 등을 조사한 채효정 연구원이 기고한 「모두를 위한 학교는 없다」에서 인용한 내용이다.

　최근 몇 년간 서울 지역 학교 중단율을 보면, 학교에 100명이 입학하면 그중 한 명은 중도에 그만두는 것으로 나타나고 있다. 그러면 나머지 99명은 학교를 잘 다니고 있을까? 이번 조사에서 그만두고 싶은 생각을 해본 학생이 전체의 3분의 1(32.2퍼센트)이었다.

　학교를 다니고 싶지 않은 가장 큰 이유를 학생들에게 물었을 때, '공부에 흥미가 없어서'(22.5퍼센트)가 압도적으로 1위였고, '성적이 좋지 않아서'(17.0퍼센트)가 그 다음이었다.

또한 학교를 다니고 있는 학생들이 주로 공부와 성적을 학교를 그만두고 싶은 큰 이유로 꼽은 데 비해, 학교를 그만둔 학생들은 그와 함께 '학생 지도 불만'(12.8퍼센트)이나 '교사와의 관계 악화'(8.6퍼센트)를 이유로 중복 응답하는 수가 많았다.

위 조사에서도 알 수 있듯이, 아이들이 학교에서 힘들어하는 것은 학습 부진에서 비롯되지만, 교사와의 관계가 원만하지 못해서 어떤 계기로 학업을 중단하는 경우가 많다. 아이들이 학업을 중단하는 데 교사가 중요한 열쇠를 쥐고 있다는 것이다. 그래서 교사는 전문가로서의 역량 못지않게, 아이들을 배려하고 돌보는 마음이 매우 중요하다. 상처받기 쉽고 길을 잃기 쉬운 아이들이 배움을 향해 잘 나아가도록 도울 수 있는 존재가 교사이기 때문이다.

교사의 태도는 아이들의 인생에 중요한 방향타 역할을 한다. 이를 잘 보여주는 사례로, 한 중학교 가정 선생님의 이야기를 하고 싶다.

이 선생님이 새로 전근을 간 곳은 굉장히 거친 아이가 많은 학교였다. 주위에서 이런저런 걱정을 해주고, 학교 생활에 너무 힘 빼지 말라는 조언까지 해줄 정도였다. 아니나 다를까 수업에 들어갔는데 남학생 둘이 이어폰을 꽂고 머리까지 흔들며 음악에 빠져 있었다. 선생님이 "이어폰을 빼라"고 하자, 한 아이는 뺐지만 다른 아이는 끝까지 빼지 않았다. 결국 선생님이 직접 가서 이어폰을 뺐더니, 그 학생이 대뜸 욕을 했다. 깜짝 놀란 선생님이 "어디 선생님한테 욕을 하냐"면서 뺨을 때렸다. 그러자 그 학생은 침을 뱉고 욕을 하면서 도망을 가버렸다.

이 사건으로 교실이 소란스러워진 것은 물론이고 교무실까지 알려져 큰 소동이 일어났다. 그러면서도 선생님들은 공연히 벌집을 쑤셨다는 반응을 보였다.

"왜 그런 아이한테 손을 대요. 원래 그런 애니까 오면 오는가 보다, 가면 가는가 보다 신경 쓸 필요가 없는데. 그런 애 신경 쓰고 건드리면 시끄럽기만 하고 다른 애들 수업에도 방해만 돼요."

가정 선생님은 그 일로 마음이 상했지만 아이가 징계 받는 것은 원하지 않았다. 학교에서는 그냥 두면 안 된다고 난리가 났지만, 당사자인 교사가 나서지 않자 그 뜻을 존중하기로 했다. 그래도 먼저 이어폰을 뺐던 아이는 부모가 와서 사과를 했는데, 침을 뱉고 나간 아이는 한동안 학교에도 나오지 않았다. 얼마 뒤 가정 선생님은 그 아이를 다시 보았지만 별다른 말을 하지 않고 넘어갔다.

이 선생님이 가사실 옆에 만들어놓은 다도실에서 청소를 하고 있을 때였다. 침을 뱉었던 아이와 4명의 아이가 그 근처를 왔다 갔다 하는 걸 발견했다.

"다 들어오너라."

선생님이 부르자 아이들은 당황했는지 서로를 쿡쿡 찌르고 허둥대는 모습이었다. 그래도 선생님은 아이들을 불러들여서, 아무 말 없이 다도 법대로 아이들에게 차를 대접했다. '다도는 차를 마시는 게 아니라 예를 마신다'라는 말도 있듯이, 선생님은 무릎을 꿇고 물을 끓여서 정성스레 차를 만들어 두 손으로 아이들에게 한잔 한잔 따라주었다.

아이들은 차를 받더니 고개를 돌려서 마셨다. 술 마실 때 어른 앞에서 예의를 차리듯 차 마시는 모습을 보고 선생님은 웃음 지으며 따뜻한 차를 더 담아주었다. 지난 사건을 꺼내어 이런저런 훈계도 하지 않은 채

말이다.

그로부터 한 달여가 지났을까. 침 뱉었던 아이가 또 다도실 앞을 얼쩡거리다가 선생님과 눈이 마주치자 이렇게 말했다.

"선생님, 한잔 할까요?"

한잔 꺾는 시늉을 하면서 말하는데, 손동작이 마치 술 한잔 하자는 폼 같아서 선생님은 고개를 갸우뚱했다.

'뭘 한잔 하자는 걸까? 아, 얘가 지난번 차 마신 걸 기억하나 보다.'

선생님은 웃으며 아이를 들어오게 하고, 차를 달여 주었다. 그런데 가만 보니 그 아이는 선생님과 얘기하고 싶어서 몇 번이나 근처를 왔다 갔다 한 듯했다. 조용히 차를 마시던 아이가 지난 이야기를 털어놓았다. 동네에서도 파출소 드나드는 시간이 많은 걸로 유명했다면서, 자신의 이야기를 하던 아이가 고개를 숙였다.

"선생님, 제가 태어나서 지금까지 이렇게 대접받아 본 게 처음이에요."

선생님은 아이의 떨리는 목소리를 듣는 순간 가슴이 뭉클했다. 선생님이 무릎 꿇고 예법에 따라서 두 손으로 차를 대접해 준 것이 이 아이에게는 마음이 움직이는 특별한 경험이었던 것이다.

만약 그 선생님이 아이의 말과 행동에 분노해서 징계하는 데 앞장섰다면, 그 아이는 어떻게 되었을까. 아이가 진심으로 반성할 기회도, 선생님이 아이의 변화에 가슴 뭉클할 기회도 없었을 것이다.

아이를 잘 가르치는 것은 특별한 기법이 있는 게 아니다. 어떻게 하면 아이들이 마음의 문을 닫지 않도록 같이 만들어갈 것인가에 있다. 특히 중·고등학교 교사는 아이들에 대해 열린 마음이 필요하다. 아이가 반항할 때, 핏대를 올리며 같이 닥적해서는 안 된다.

변하지 않는 진실은 '학생은 어른이 아닌, 아직 어린 아이들'이라는 것이다. 아직 철들지 않았고, 세상 물정을 모르기에 아직 배움과 돌봄이 필요한 아이인 것이다.

아이들은 따뜻한 품에서 배우기 원한다

학원의 스타 강사처럼 화려하게 수업하는 교사도 많지만, 그 선생님이 아이들에게 인기가 있는 게 아니다. 그런 선생님이 아이들을 책상에 앉아서 공부하게 하고 아이들에게 희망을 주는 것도 아니다. 아이들의 말 한마디 한마디를 다 들어주는 것, 그 아이가 어렵고 힘들 때 '선생님은 나를 도와줄 수 있다'는 느낌을 주는 것이 중요하다. '아, 이 선생님이면 내가 어려울 때 달려가면 도와줄 수 있겠다'고 믿고, 곁에 항상 선생님이 있음을 느끼도록 하는 것이다.

그런데 문제 있는 아이들을 상담실에 불러서 상담 내용을 녹음하고 그것을 교육청에 보고해야 한다고 하여 문제가 된 사례도 있다.

상담이란 게 얼마나 개인적인 이야기인가. 어렵게 털어놓은 이야기가 공공연하게 돌아다닌다고 생각하면, 어떤 아이가 선생님에게 상담을 하고 자신의 이야기를 하겠는가.

또 아이에게 모욕을 주면서 심하게 꾸짖고 심지어 교무실까지 데리고 가서 선생님들 앞에서 야단치는 경우도 있다. 이것은 아이의 자존감을 짓밟고 크나큰 상처를 주는 일이다. 그처럼 신뢰를 주지 않으니까 아이들이 학교와 교사를 믿지 못하고 뛰쳐나가 버리는 것이 아니겠는가.

어떻게 하면 이 아이들이 마음의 문을 닫지 않도록 할 것인가. 그것은 특별한 비법이 있는 게 아니다, 믿어주고 들어주는 것뿐이다. '우리 선생님한테는 얘기할 수 있겠다' 하는 교사가 학교에 적어도 한두 분은 있어야 아이들이 어려운 일이 있을 때도 스스로를 지킬 수 있지 않을까.

지금의 현실에서 제일 안타까운 아이들이 초등학생인 것 같다. 중·고등학생들은 어려우면 친구하고라도 상담할 수 있지만, 초등학생은 친구와 상담이 될 수가 없다. 그런데 가정이 파괴되고 해체되거나 어려운 가정 형편 때문에, 도와줄 어른이 곁에 없는 아이가 많다. 보호받아야 할 나이에 홀로 맞닥뜨려야 하는 세상은 얼마나 두렵고 답답하고 힘이 들겠는가.

얼마 전 학교 주변에서 초등학교 여학생 성폭행 사건들이 일어났다. 그런 처참한 일이 일어난 것도 분노할 일이지만, 더 놀라운 것은 학교 선생님에게 도움을 요청한 아이가 한 명도 없었다는 것이다.

한 아이가 학교에서 끌려 나간 날, 물론 휴일이었지만 선생님들이 학교에 있었다. 그 아이가 사고를 당하고 피를 흘리면서 갈 곳이 없어 다시 학교로 돌아왔는데, 학교 담 밑에서 울고만 있었지 선생님에게 도움을 요청하지는 않았다. 왜 학교라는 공간에 있으면서 그 아이는 도움을 줄 수 있는 존재로 선생님을 떠올리지 못했을까.

대구의 어떤 어린이는 폭행을 당한 뒤 자기를 돌봐주던 사회복지사를 찾아갔다. 학교에 있는 선생님이 아니었다. '왜 아이들이 선생님을 믿지 않았을까. 왜 선생님에게 도움을 요청하지 않았을까.'

바로 이러한 질문에서 출발해 보자. 물론 선생님이 학교를 떠나서까지 아이를 책임져야 한다는 뜻은 아니다. 그러나 적어도 이 아이들에게 뭔가 마음의 버팀목은 되어줘야 하지 않을까.

우리 선생님은 믿고 이야기할 수 있는 관계가 돼야 배우는 관계가 만들어진다. 왜냐하면 그건 신뢰한다는 얘기인데, 사람은 신뢰하는 사람에게서 배우는 것이지 신뢰하지 않는 사람에게는 배우지 않기 때문이다.

'저 선생님이 좋다' '저 선생님을 믿는다' 하는 마음일 때, 배우고 싶은 관계가 이루어진다. 우리가 학창 시절을 돌이켜봐도 알 수 있다. 선생님을 믿고 좋아할 때, 신뢰할 때, 수업에 더 적극적이고 배우려는 의지 또한 컸던 것처럼 말이다.

사회적으로 극성스럽다 싶을 만큼 자녀 교육의 열기가 뜨겁다. 그러다 보니 모든 아이가 부모의 관심과 사랑 속에 크는 것 같지만, 실제로는 그렇지 못한 아이가 많고 또 점점 늘어나고 있다. 입시라는 좁은 관문을 통과하는 데만 모두의 시선이 쏠려, 그 아이들은 실태조차 드러나지 않은 채 그늘에서 소외되고 있다. 이 아이들을 어찌할 것인가.

우리가 공동체로서 배움으로부터 소외되고 어른들의 관심으로부터 멀어진 아이들을 함께 돌본다면, 이 아이들의 가슴에도 배움의 씨앗이 뿌려지고 희망의 싹이 자라게 된다. 그 희망의 크기만큼 학교와 사회도 밝아지고 건강해지지 않겠는가. 그래서 더욱 우리 학교와 사회에 배움의 공동체가 필요한 이유다.

2

서로 배움, 잘하는 아이와 못하는 아이가 함께 성장하다

"수업 시간에 자거나 딴 짓 하는 학생, 모둠 학습에 참여하지 않거나 방해하는 학생, 수업 자체를 포기하는 학생들 때문에 교사들이 골머리를 앓았습니다. 학교 혁신을 위해서는 수업이 변화해야 한다는 절박함이 우리를 배움의 공동체와 만나게 했습니다."

경기도 혁신학교인 호평 중학교 정현숙 선생님의 이야기다. 배움으로부터 멀어지는 아이들을 탓할 게 아니라 수업이 바뀌어야 한다는 것을 교사들이 절감하고 있음을 보여준다.

아이들에게 배움은 희망이다

원래 학습은 '발달'이라는 말과 함께 개인 능력이 시간 축에 따라 얼마나 변화하는지를 가리킨다. 물론 교사, 부모, 친구 등 타자가 학습에 큰 영향을 미친다는 것은 이미 알려져 있다. 하지만 학습 심리학에서는 개인 능력에 초점을 맞추고, 외부의 작용이 어떤 영향을 미치는가, 개인 능력이 외부 세계의 여러 과제에 어떻게 반응하는가를 관찰하고 기술한다. 그리고 그 변화를 설명하는 모델을 세우고 검증한다.

그러나 이러한 학습관으로는 오늘날 학교 교육을 둘러싸고 일어나는 학력 차와 주입식 교육 등의 문제를 근본적으로 해결하기 어렵다.

더욱이 그러한 학습관은 잘못된 기대를 갖게 만든다. '어떠한 조건에서 어떠한 법칙으로 진행한다'는 공식만 제기하면 모든 아이가 다 발전할 거라는 잘못된 기대를 갖게 한다. 그 때문에 학부모나 교사가 주입식 교육을 암묵적으로 받아들이는 꼴이 되기도 한다.

이러한 개인 능력 환원주의에서 벗어나려면, 개인이 사회와의 관계 속에서 어떻게 배우고 바뀌는가에 초점을 맞추어 분석할 필요가 있다. 왜냐하면 아이들은 부모나 교사, 다른 친구와의 관계 속에서 진정으로 배우고 성장해 가기 때문이다.

배움의 공동체에서 말하는 '배움'은 영어의 'learning'을 의미하는 것으로, 지금까지 '학습'으로 번역하여 사용하기도 했다. 그런데 'learning'을 '학습'이 아닌 '배움'으로 표현하는 데는 이유가 있다. 그 가운데 하나는 지금까지 교실을 지배해 온 학습관의 전환을 의미한다.

최근 배움에 대한 관심은 학교 교육에서 학습의 이미지를 반성하려는 노력일 뿐만 아니라 배움의 공동체적이고 사회적인 성격을 재평가하는 움직임이라 볼 수 있다.

현재 일본에서 배움의 공동체는 학교 개혁을 이끄는 핵심적인 원리로, 수업 연구를 위한 실천적인 개념으로 자리 잡았다. 배움의 공동체란 무엇이고 어떻게 이뤄져야 하는가에 대해, 사토 마나부 교수는 이렇게 설명한다.

"학교 교육이 학생, 교사, 학부모, 교육 행정 담당자의 연대를 기초로, 학교를 사람들이 서로 배우고 성장하며 연대하는 공공의 공간으로 만드는 개혁이다. 학교를 배움의 공동체로 재생하기 위해서는 가장 먼저 일상의 수업을 통해 교실이 배움의 공동체로 재생되어야 한다."

얼마 전 EBS 다큐 프로그램에서 배움의 공동체 학교인 흥덕 고등학교를 담아냈다. 이 학교로부터 상처 입고 버림받고 찾아든 아이들이 서로에게 배우는 수업을 통해 달라진 모습을 볼 수 있다. 흥덕 고등학교 고남숙 선생님은 교사와 아이들의 변화를 이렇게 말했다.

"아이들에게 수업 내용을 전달하는 면에서는 누구보다 자신 있다고 생각했습니다. 하지만 작년 1월 일본 배움의 공동체 수업 탐방을 다녀오면서 떨쳐버릴 수 없는 질문이 생겼습니다. '나는 가르쳤는데 아이들이 배우지 못했다면?' 한 번도 이 질문에 대해서는 진지하게 고민해 보지 못했어요. 아이들이 이해하지 못한 것은 아이들의 능력 부족이고, 성실하게 공부하지 않아서라고 생각했으니까요.

2년 전부터 '모든 아이가 서로 배우면서 함께 성장하는' 배움의 공동체 수업을 실천하면서 교실에는 많은 변화가 생겼습니다. 아이들을 더욱 살피게 되었고, 그 아이들에 대한 고민도 끊이지 않았습니다. 하지만 그래도 끝까지 배움의 공동체를 실천하려고 노력할 수밖에 없었어요. 아이들 한명 한명의 배움을 보장하는 것은 나의 일방적인 설명만으로는 불가능하다는 것을 알았기 때문입니다. 배움의 관계를 만들어가기 위해서 절실한 것은 신뢰와 배려가 바탕이 되는 좋은 관계인 것 같습니다. 흥덕 고등학교 수업에서는 더욱 그 관계가 중시됩니다. '이렇게 열심히 공부해 본 적이 없었어요'라고 말하며 하루하루 달라지는 아이들의 모습 속에서 우리의 관계도 끈끈해지고 따듯해지는 것을 느낍니다."

한 명의 아이도 포기하지 않는 수업으로 변화하면, 교실이 달라지고 아이들이 달라진다. 한 고등학교의 공개 수업에서는 일주일 전 가정 문제로 자살 소동까지 벌였던 아이도 같이 있었는데, 수업에서 배우고 있는 아이의 표정은 행복해 보이기까지 했다. 나중에 비디오 영상을 보면서 '저 아이가 며칠 전 자살을 생각했던 아이란 말인가.' 의아할 정도였다.

"배움은 아이들에게 희망이다. 친구 관계가 무너져도 가정이 무너져도, 배우는 한 아이들은 무너지지 않는다. 아이들에게 배움은 인권의 중심이자 희망의 중심이라고 믿는다. 배움의 공동체를 실천하고 지금까지 아이들은 그 믿음을 배반한 적이 없었다."

사토 마나부 교수의 이야기를, 그 아이의 얼굴에서 다시금 확인할 수 있었다.

수업에서 배움이 일어나면 아이들의 미래가 장밋빛으로 달라진다고 강조하려는 것은 아니다. 그 미래는 어느 누구도 모르는 일이다. 아이들에게 중요한 것은 바로 현재 지금 이 순간이다. 그런데 우리는 미래라는 구상을 담보로, 지금 이 순간 아이들을 고통스럽게 만들고 있다.

미래를 말하기 전에 지금 배우는 일에 몰입할 수 있고 배우는 일이 즐겁다면, 매순간 성장하는 아이들이 배움 속에서 행복하게 꿈을 키우고

흥덕 고등학교 과학 수업 시간. 모둠 활동을 하고 있다.

흥덕 고등학교 수학 시간.
친구가 문제 푸는 것을 도와주고 있다.

ㄷ자형 배치로 아이들이 마주보고 배우는 모습이다.

삶의 희망을 가질 것이다. 바로 그것이 아이들의 미래를 스스로 만들어 가는 건강한 힘이 되지 않겠는가.

수업을 포기했던 아이들이 배움 속에서 자존감을 회복하고 꿈을 찾아가고 있다면, 이 아이들이 바로 그 희망의 증거가 아닐까.

대화는 배움을 일으키는 중요한 도구

배움의 공동체 수업 시간에는 중요한 소통의 도구가 있다. 바로 '대화'다. 하지만 대한민국 교실에서 대화는 어색하게 느껴지는 말이다. 수업 시간에 대화를 통해 의견을 나누는 것이 익숙지 않아서다.

아이들은 듣기가 잘 안 되고, 자기 주장하기, 큰소리로 이야기하기 등으로 표현해서 대화가 잘 이루어지지를 않는다. 교사로서는 원활한 진행과 진도를 생각하다 보니 대화 없이 강의식으로 수업하는 것에 익숙해져 왔다.

그런데 사토 마나부 교수는 『배움의 쾌락』에서 이미 배움의 전통에 대화가 있었음을 설명한다.

소크라테스는 제자와 일대일로 질문과 대답을 주고받는 대화법인 산파술로 배움을 일으켰다. 그러나 교실에는 한 사람의 교사와 다수의 아이들이 존재한다. 교실에서 대화적 커뮤니케이션을 성립시키기 위해서는 교사와 아이의 커뮤니케이션, 아이와 아이의 커뮤니케이션이 일대일의 관계가 되지 않으면 안 된다.

또한 소크라테스의 산파술은 미리 정해진 지식을 전달하는 것이 아니라 교사인 소크라테스와 제자가 협동으로 진리를 추구하는 과정이었다. 교사와 제자가 대등하게 진리를 모색하고 서로 탐구하는 곳에서 성립되었다.

여기서 대화란 배움을 일으키는 중요한 도구다. 배움의 공동체에서 대화는 대상(교재)과 만나고 친구와 만나 주제를 탐구하며, 스스로를 표현하는 세 가지 차원에서 일어난다.

첫 번째, 아이들은 교육 내용, 즉 교과서나 교재를 통해 주제를 만나고 대화한다. 교사가 교육 내용에서 던진 질문을 통해, 아이들은 그 주제에 대해 생각하고 만나게 된다.

두 번째는 교사와 친구와의 대화를 통해 배운다. 전북 남원 초등학교 임성현 선생님은 아이들의 대화와 배움에 대해 이렇게 말한다.

"조금은 어설프지만 아이들은 열심히 이야기하며 스스로 배운다는 것을 발견했습니다. 더 인상 깊었던 것은 학업에 전혀 관심 없던 아이들이 나름의 이야기를 하고 있다는 점이에요. 내가 아무리 소리치고 가르치려고 해도 한 귀로 듣고 한 귀로 흘리던 아이들이 친구들의 이야기에는 듣고 말한다는 겁니다."

세 번째는 자기 자신과의 대화다. 아이들은 교육 내용, 교사나 친구와 주제에 대해 대화할 뿐 아니라 자기 자신과도 대화하며 스스로 아이디어를 만들어간다. 교재를 만나고, 다른 사람과의 대화를 통해 생각을 넓히고, 결국은 자신에게 질문을 던져 문제를 해결하는 것이다.

이처럼 배움은 '세계 만들기'와 '친구 만들기' '자기 만들기'의 삼위일체를 추구하는 대화적 실천이다.

대화를 통해 서로 배우는 관계는 서로 가르치는 관계와 다르다. 가령 내용을 잘 몰라서 당황해 하던 아이가 친구에게 "이거 어떻게 하는 거니?"라고 묻는 것에서 시작해서, 그 질문을 함께 풀어가는 관계를 만든다.

그렇다고 못하는 아이에게만 도움이 되는 게 아니다. 잘하는 아이는 "이게 뭐니?"라고 질문을 던진 친구 덕에 더 정확하고 깊이 있는 배움을 경험한다. 잘하는 아이의 마지막 단계는 남을 가르칠 수 있다는 것이다. 남을 가르치면서 자신의 배움이 정리가 되고, 또한 확실히 알게 된다. 결코 남에게 도움을 준다고 해서 손해 보는 게 아니다. 그래서 서로에게 도움이 되는 배움이 일어나는 것이다.

집단 활동을 한다고 해도 다른 사람과 대화하지 않으면 협동적인 배움이 될 수 없다. 개인과 개인의 생각을 나누고 합치는 일은 하나의 결론으로 이끄는 일이 아니라, 서로 다른 생각의 차이를 밝히고 배움을 넓히며 발전시키는 일이다. 다른 사람과의 커뮤니케이션을 통해 상호작용하며 사고의 폭을 넓히는 것이 바로 배움의 공동체가 말하는 배움이다.

이는 수업을 '지식이나 기능을 얻고 쌓아가는 활동'에서, '표현하고 공유하는 활동'으로 전환하는 일이기도 하다. 구성주의 학습론에서 '배움'이란 단순히 지식이나 기능의 습득이 아니라 학습자가 사물이나 사람을 매개로 활동하고 의미와 관계를 구성하는 일을 말한다.

여기서 지식의 의미는 교과서에 존재하는 것이 아니라 학습자의 도구적 사고나 다른 사람과의 의사소통을 통해 구성된다. 아이들이 무언가를 배우고 있을 때 그 경험에서 교육 내용의 의미가 구성되고, 교사나 친구와의 관계가 재구성되며, 그 과정에서 자기 자신의 정체성을 발견하기도 하고 표현하기도 한다.

수준별 수업이 성적을 올린다는 환상

배움은 학습자가 혼자 도달할 수 있는 수준과 교사나 친구의 도움으로 달성할 수 있는 수준 사이에서 일어난다. 즉 혼자 하면 못하지간 다른 사람의 도움을 받으면 배움이 일어난다.

이것이 시사하는 점은 교육이 발달을 선행하고, 교육이 발달을 이끌어낸다는 것이다. 그러나 우리가 하고 있는 수준별 수업은 이와 반대다. 발달이 되고 나면 교육하자는 입장으로, 기초반에서 능력이 갖춰지면 심화반 문제를 가르치자는 것이다. 그것은 발달이 되면 가르치자, 알게 되면 가르치자는 것과 같다. 그러나 우리가 모르는 것을 가르치는 것이 교육이지, 아는 것을 가르치는 것이 교육은 아니잖은가.

모르는 것을 함께하면 배울 수 있는데, 많은 학교가 수준별 수업으로 아이들의 수준을 나누고 있다. 수준별 수업을 수월성 교육으로 권장하는데, 잘하는 아이와 못하는 아이를 섞어놓으면 잘하는 아이가 손해를 본다고 생각해서다. 그리고 수준별로 하면 성적이 오를 거라고 착각하기 때문이다. 그런데 이러한 허상을 깨는 연구가 있다.

1970년대부터 미국을 중심으로 수준별 수업의 효과에 대해 방대한 조사와 연구가 진행되어 왔다. 그리고 지금까지 연구해서 얻은 총괄적인 결론은 '수준별 수업이 교육적으로 부정적인 효과를 가져온다'는 것이다.

그 대표적인 연구자로 알려져 있는 미국 캘리포니아 대학의 교육학자 지니 오크스는 『트랙을 지키다: 학교는 불평등을 어떻게 구조화하고 있는가(Keeping Tracks: How Schools Structure Inquality, Yale University Press, 1985)』라는 저서에서 이렇게 결론을 내리고 있다.

초등학교에서 수준별 수업에 의해 학력이 향상된 사례는 존재하지 않는다. 중학교의 경우에도 학력이 상중하로 나뉜 어느 집단에서도 혼성 학급보다 학력이 향상된 조사 결과는 없었다. 물론 이 결과에 이론을 제기하는 연구자가 있긴 하다. 그러나 그 대부분은 중학교 상위 집단에서의 효과를 주장하는 조사 결과이다.

이런 실태는 현장에서도 확인할 수 있다.
"현재 영어, 수학은 수준별 이동 수업을 합니다. 상위 그룹에 있는 아이들은 자발적으로 어느 정도 모둠 학습이 되는데, 하위 그룹에 들어가서 수업을 했더니 속이 터집니다. 그래도 참고 기다려야 하는데, 마냥 그럴 수는 없고. 거기서 엄청난 갈등이 생깁니다."
수준별 수업 때문에 힘들어하는 교사의 하소연이다. 하위 그룹의 경우 너무 못하는 아이들끼리만 모아놓으니까 아이들 스스로 아무것도 할 수가 없는 것이다. 서로 도움이 안 되니까 도움을 청할 생각조차 안 한다.
'물어봤자 쟤도 모를 텐데.' '답을 똑같이 썼다가는 같이 틀릴 게 뻔해.' 이런 생각들 때문에 아이들이 협동할 생각조차 하지 못하고 무기력하게 시간만 보낸다.
지금 교과 교실제를 하고 상·중·하로 나누면서 교사들의 고민이 큰데, 그런 경우 상·중·하를 섞어서 소그룹으로 나누고, 친구들과 함께 배울 수 있는 관계를 만들면 훨씬 더 효과적이다.
수준별로 나눌 것이 아니라 수준에 상관없이 소집단으로 나누어 섞어 함께 배우도록 하자는 것이다. 그런데 수준별로 나누다 보니까 하반에 들어가면 선생님도 아이들도 모두 의욕이 없다. 물론 선생님이 도움을 줄 수는 있지만, 모든 모둠을 다 돌보기 어렵고, 무엇보다 아이들끼리 서로 배울 수 있는 기회가 없다는 것이 가장 아쉬운 부분이다.

배움의 공동체는 수준과 상관없이 자연스럽게 모둠을 만드는 것을 원칙으로 한다. 물론 운이 나쁘면 못하는 4명만 모이기도 한다. 잘하는 아이가 없는 모둠에서는 배우는 게 있겠느냐고 하지만, 이때도 해결 방법은 있다. 우선 못하는 아이가 일등에게 질문하지는 않는다는 점이다. 오히려 일등이 설명하면 못 알아듣지만 자신과 비슷하거나 조금 잘하는 친구의 말에는 더 귀 기울이고 의존한다.

그리고 모둠 안에서 문제를 해결하지 못할 경우 다른 모둠을 살피도록 연결해 줄 수 있고, 선생님이 살펴주면 되니까 문제가 되지 않는다.

전국 꼴찌 학력에서 상위권으로

"모둠 활동 시간이 세 명은 공통된 결과를, 한 명은 또다른 결과를 내고 토론하고 있었습니다. 그 한 명이 나에게 '다른 친구들은 아니라고 하는데 저는 이게 맞는 것 같아요'라며 조심스레 풀이 과정을 설명했어요. 제대로 이해하고 있었습니다. 그 학생은 모둠 내에서 잘하는 학생이 아니었는데, 곁의 친구들이 다시 풀어본 후 칭찬이 이어졌고, 어깨가 으쓱해진 그 학생은 매우 즐거워했습니다."

화산 중학교 윤즌서 선생님은 배움의 공동체의 장점에 대해, 자신감 없던 아이들이 적극적으로 배우려 드는 것을 손꼽았다. 이처럼 배우는 교실에서는 자연스레 학력이 높아지는 결과까지 가져온다.

일본 시즈오카 현 후지산 자락의 시골에 자리한 가쿠요 중학교는 현에서 성적이 꼴찌였다. 2001년 4월 사토 마사아키 교장이 부임하면서 배움의 공동체를 시작했다.

사토 교장은 2000년까지 같은 학구의 히로미 소학교 교장으로서 배움의 공동체를 추진해서 교사, 학생, 학부모까지 학습에 참가하는 배움의 공동체를 꾸려서 큰 성과를 거두었다. 히로미 소학교에서 거둔 성과를 바탕으로 가쿠요 중학교의 수업 혁신에 들어갔다. 교과서를 설명하고 해설하는 일방적인 수업에서 벗어나 소집단 활동으로 배움을 활성화했다. 그리고 모든 교사가 적어도 일년에 한 번은 수업을 공개하고, 교사들은 수업 사례 연구를 통해 임상의 경험을 쌓았다.

중학교의 수업 연구는 교과 단위로 이뤄지는 것이 일반적이다. 그러나 교과 단위의 수업 연구로는 중학교 전체의 수업이 개혁될 리가 없고, 학생의 배움이 개혁될 리도 없다.

가쿠요 중학교에서는 수업의 사례 연구에서 교과의 벽을 넘어 학년 단위 혹은 교내 전체에서 공개 수업을 검토했다. 사례 연구가 50회 정도에 이르자, 학교와 교실 풍경은 완전히 바뀌었다. 어느 교실에서나 교사의 목소리가 부드러워지고 아이들은 편안하고 진지하게 배우는 모습을 볼 수 있게 되었다. 아이들이 배우기 시작하면서 학력도 높아져 꼴찌 학교에서 상위권으로 도약했다.

학력에 대한 이야기는 때로 오해를 불러일으키는데, 배움의 공동체는 학력 신장을 목표로 하는 게 아니라 질 높은 배움과 평등을 추구한다. 학력 신장은 그 과정에서 자연스럽게 따라오는 결과물일 뿐이다. 그런데 우리나라 교육 현실은 학력에만 관심을 기울이다 보니 가쿠요 중학교 수업을 참관한 선생님들이 묻는 것도 한결같다.

"성적이 얼마나 올랐습니까?"

처음에는 이 질문에 당황스러워하던 가쿠요 중학교 교감 선생님은 반복되는 질문에 이렇게 대답한다.

"우리는 성적을 올리기 위해 배움의 공동체를 하는 게 아닙니다. 하지만 알고 싶어 하시니까 말씀드리겠습니다. 성적은 올라갑니다. 그러니까 믿고 하십시오."

'아이들이 학교에 가고 싶어 합니다'

일본 나가노 현은 전국에서 학력이 낮기로 소문난 지역이다. 게다가 사건 사고가 많고 학업을 중단하는 학생도 많다. 나가노 현의 한 고등학교는 1972년 225명이던 신입생 수가 2006년에는 80명까지 줄었다. 게다가 중간에 학교를 그만두는 아이들이 늘어나자, 교육위원회에서는 아예 학교를 없애버리자는 쪽으로 결론을 냈다. 학생 수도 줄고 어차피 학생을 받아봐야 중도에 그만둘 텐데, 나갈 아이들을 받아서 뭐하겠느냐는 것이었다.

이 소문이 퍼지자 지역 주민이 위기의식을 느끼고, 은퇴한 교육 관계자, 즉 교사, 교장, 교감들이 학교를 지원하기 위해 2006년 지역 운영위원회로 모였다.

교육 관계자들은 '아이들이 학교를 안 간다는 건 아이들에게 희망이 없어지는 거다. 학교마저 안 가면 어디로 가겠는가' 하고 뜻을 모아 배움의 공동체로 학교 살리기에 나섰다. 결국 고등학교의 폐교를 막아내고 학교 분위기까지 바꿔냈다.

여기서 눈여겨볼 것은 일본의 교육에서는 은퇴한 교사, 교감, 교장 등 교육 관계자들이 교육 현장을 후원하는 데 노력을 아끼지 않는다는 점이다. 모두가 한 마음으로 모여 학교와 수업을 바꾸어 아이들이 학교를 떠나지 않게 했을 뿐 아니라 배우는 아이들로 바꾸어놓았다.

나가노 현의 다이라 중학교는 학교의 기본 질서마저 잡혀 있지 않은 무법천지의 학교였다. 쉬는 시간이면 아이들이 복도에서 자전거를 타고 시합을 하고, 자전거 타고 화장실을 갈 정도여서 도저히 학교라고 할 수 없었다. 그런데 배움의 공동체를 하고 수업이 살아나면서 아이들이 바뀌었다.

기본 질서마저 지키지 않았던 아이들이었기 때문에, 이 학교의 교육 실천 목표는 매우 현실적이고 구체적이다. 바로 '주위를 깨끗하게 청소하고, 시간을 잘 지키고 예의 바른 학생'이다.

이 목표에 따라 생활 규칙을 철저하게 지킨다. 급식을 받아가는 곳에도 '시간 엄수'라고 적어놨고, 복도의 벽에 '닦으면 빛난다'라는 문구가 곳곳에 붙어 있다. 청소의 사각지대, 미닫이 문틀, 계단 구석에 먼지가 모여 있는 것도 사진으로 찍어놨다. '구석구석 잘 닦아서 마음까지 깨끗해지자'라는 뜻이다.

청소 시간이 되면 아이들과 선생님이 모두 모여 바지 무릎이 튀어나올 정도로 무릎을 꿇고 바닥을 열심히 닦는다. 이곳을 방문했을 때 어찌나 깨끗한지 예전의 지저분한 학교를 상상할 수 없었다. 모두 고개를 절레절레 흔들던 문제 학교에 기적 같은 변화가 일어난 것이다.

이 학교를 방문한 교사들이 어떻게 이처럼 변할 수 있었느냐고 묻자,

이 학교 교감 선생님은 이렇기 말했다.

"선생님 여러분은 학생들을 믿고 있습니까? 우리도 처음 시작할 때는 안 될 거라고 생각했습니다. 복도에서 자전거 타고 아무 데나 쓰레기 버리는 아이들이었으니 변할 거라고 생각할 수 없었습니다. 성적은 꼴찌고 말썽은 첫째였던 아이들, 최고로 어려운 학교여서 이 아이들은 안 될 거라고 생각했습니다. 그런데 믿어봤더니 아이들은 변했습니다. 믿어보십시오. 아이들은 믿은 만큼 해주었습니다. 믿고 한번 해보십시오. 아이들이 반드시 달라질 겁니다."

이러한 변화의 사례들에서 발견할 수 있는 것은 무엇일까. 바로 교사가 바뀌면 아이가 바뀌고, 수업이 바뀌면 학교가 달라진다는 것이다.

3

배움의 재구성,
아이들이 달라진다

    서울 삼정 중학교 3학년 기술 과목 공개 수업을 했다. 생활 속에서 전기 안전 문제, 가전 제품의 성격에 대해 알아보는 수업이었다. 아이들은 전기 안전에 관한 부분에서, 텔레비전 방송 프로그램 〈위기탈출 넘버원〉 이야기를 하면서 살아 있는 생활 정보를 공유하기도 했다.

    아이들의 눈이 반짝이는 걸 지켜본 담임 선생님은 놀라움을 금치 못했다.

    "모두 우리 반을 외인구단이라 불렀습니다. 그만큼 말썽이 많았던 아이들인데, 오늘 하는 걸 보니 놀랍네요. 특히 '전격전압이 뭐야?'라는 친구의 물음에 평균 3)점인 아이가 정확히 설명을 했어요. 아이들이 정말 많이 달라졌구나 싶었습니다."

'이젠 수업 시간에 안 자요'

공개 수업을 참관한 선생님이 수업이 끝난 뒤 한 아이에게 물었다.
"배움의 공동체 수업이 작년에 받던 수업과 어떻게 다르니?"
그러자 아이가 말했다.
"작년에는 계속 잤잖아요. 근데 오늘은 안 자잖아요."

질문한 선생님의 이야기를 나중에 들으니, 이 아이는 1학년 때부터 수업 시간에 엎드려 잤다고 한다. 그런 아이가 수업에 참가하는 것이 놀라워서 물었던 것인데, 아이의 대답을 듣고 선생님은 감격스런 얼굴로 고개만 끄덕였다.

무슨 설명이 더 필요할까. 수업 시간에 배우기를 포기하고 자던 아이가 이제는 자지 않고 선생님과 친구들의 말에 귀를 기울이는데 말이다. 더구나 활동지에 또박또박 써나가는 모습이 감동적이기까지 했다. 설사 활동지에 적은 답은 틀렸다 해도 말이다.

"1학년 때 가르쳤던 애들이 많은데, 그때는 솔직히 많이 건져봐야 3분의 1만 성공했어요. 나머지는 수업을 놓치고, 10퍼센트는 자고. 그런데 오늘 수업에서는 그런 아이들까지도 뭔가 한 가지 이상은 하네요. 예전에는 본인들이 잊힌 존재라고 생각했다면, 지금은 관심의 대상이 되었다고 느끼는 거 같아요. 그래서인지 아이들이 조금이라도 참여하고 물어보려 하는 게 보이네요.

산만해서 집중을 못하던 아이가 있었는데, 전에는 5분 집중했다면 오늘은 15분 정도 집중하더라고요. 그리고 1학년 때 활발하긴 한데 수업에는 50퍼센트만 참여하던 아이도 오늘 100퍼센트 수업을 소화하고 아이들을 이끌기까지 했어요."

아이들을 지켜본 수학 선생님이 행복한 얼굴로 말했다.

특히 한 아이의 이야기는 배움의 희망을 보게 한다. 무기력하게 1년을 보낸 아이가 수업을 마치고 직접 선생님을 찾아와 이렇게 말했다.

"선생님, 저 공부하고 싶은데 지금 해도 늦지 않겠지요?"

아이가 살아나는 것, 교사만이 느낄 수 있는 가장 큰 보람이 아닌가.

삼정 중학교 김용철 교장 선생님은 처음 배움의 공동체를 시작할 때는 시행착오를 각오하고 한번 해보자는 생각이었다고 한다. 그러나 지금은 수업이 정말 달라졌음을 확인했고, 학생 생활지도까지 덤으로 효과를 봤다고 이야기한다.

"2010년 1학기 학교폭력대책위 5회, 선도위원회 7회가 열렸는데, 2011년 1학기 학생 징계 건수는 제로입니다. 이 결과를 보고 모두 놀라워했습니다."

또 두 차례의 공개 수업 때 100여 명의 교사가 바로 옆에서 지켜보고 있었는데도 전혀 개의치 않고 서로 토론하고 발표하는 등 아이들의 의사소통 능력, 발표력, 자존감 등이 눈에 띄게 향상했다는 것이다.

"무엇보다 학생들 표정이 밝게 바뀌어가고 행복해 한다는 사실이 큰 변화의 시작이 아닐까요. 과목별 학년별 전체 교사가 모여 수업 방법에 대해서 이렇게 진지하게 논의해 본 적이 있었습니까? 이러한 경험이야말로 수업의 성공과 실패를 떠나 혁신학교의 첫 번째 큰 걸음이라고 생각합니다. 교사가 바뀌면 수업이 바뀌고 학교가 바뀝니다. 즉 혁신은 내가 바뀌는 겁니다. 학생을 존중하고 사랑하는 눈으로 보는 자체가 수업 혁신이 아닐까 생각합니다."

한 명의 아이도 포기하지 않고, 사랑의 눈으로 아이들을 깨웠을 때, 아이들은 밝고 행복해진 얼굴로 화답했다. 그리고 아이들이 즐겁게 배울 때, 선생님들의 얼굴도 행복해졌다. 배움이 지겹고 괴로운 게 아니라, 즐겁고 새롭다는 일깨움이 이처럼 모두를 행복하게 하는 것이다.

'친구가 설명하면 쉬워요'

한 초등학교 6학년 반에서 아이들에게 물었다.
"배움의 공동체 수업으로 바뀌니까 어떤 게 좋은가요?"
아이들의 대답은 다음과 같았다.
"친구에게 물어볼 수 있어서 좋아요."
"친구는 참 쉽게 설명해 줘서 좋아요."
"선생님은 설명이 참 어려워요. 친구처럼 쉽게 해주면 좋겠어요."
중학교 2학년 교실에서 같은 질문을 던졌을 때, 한 학생이 이렇게 말했다.
"친구한테 질문하면 같은 세대여서 쉽게 이해가 가게 말해줍니다."
아이들이 서로에게 배우는 힘이 얼마나 큰지를 알 수 있는 대답들이다.
교사가 아무리 가르치려고 애써도 안 되는 아이도 친구와 함께하면 수업에 참여하게 된다.

초등 6학년 수학 수업에서 '경우의 수'를 배우는 시간이었다.
"두 가지 경우의 수를 문제도 만들고 답도 써보세요."
선생님의 말에 아이들이 모둠 활동을 시작했다. 식을 주고 풀어보라고 하면 잘 풀었을 텐데 식을 만들어보라고 하니까 아이들이 잘 풀지를 못했다.

한 모둠에서 햄버거 가게를 생각해 냈다. 햄버거 살 때 불고기 버거, 새우 버거, 치즈 버거 가운데 정하고, 세트로 음료수는 뭘 먹겠냐고 묻는 것을 떠올리고 경우의 수로 가져온 것이다. 이처럼 아이들은 자기 주변에서 소재를 들고 오는 힘이 있다.

또다른 모둠에서 생각해 낸 것은 하나씩 포장해서 파는 초밥이었다. 거기까진 좋았는데, '두 가지 경우의 수는 두 가지를 뽑으면 되는 건가 보다' 하고 생각해서 새우 초밥과 장어 초밥을 뽑고는 다한 줄 알고 "근데 두 개 중에 어떤 게 맛있나?" 하는 이야기로 빠져버렸다.

그러자 새우가 맛있다, 장어가 맛있다 의견이 분분했다. 그 옆에는 학습 수준이 3학년 정도 되어 보이는 아이가 있었는데, 주머니에 손 넣고 멍하니 있다가 먹는 이야기가 나오니까 눈이 반짝했다.

그 아이가 의자를 들고 그 모둠에 들어오더니, 새우가 맛있다는 아이에게 "네가 몰라서 그러는데 장어가 맛있다"면서 장어 초밥을 먹었던 경험을 이야기하는 거였다. 그 아이의 즐거운 표정을 보니 '조금 전에 그처럼 멍하니 있던 아이가 맞나?' 싶었다.

그때 아이들의 실랑이를 보고 있던 한 여학생이 발끈했다.

"너희 뭐 하냐. 선생님이 맛있는 거 뽑으라고 하셨냐. 두 가지 경우의 수를 내랬지."

그러자 아이들의 시선이 그 여학생에 쏠렸다. 그때부터 함께 초밥의 종류를 쓰고 같이 먹을 수 있는 장국, 단무지를 생각해내고, 줄을 그어 경우의 수를 찾아냈다. 장어 초밥이 나오니까 여학생이 '장어가 맛있다'

며 모둠에 들어온 아이에게 말했다.

"너도 해봐."

"난 몰라."

"넌 장어 좋아한다고 했잖아. 넌 장어 초밥 먹을 때 뭐하고 먹어?"

"난 장국하고 먹어."

여학생이 줄을 그어주면서 설명했다.

"너는 장국하고 먹지만, 다른 사람은 단무지하고도 먹을 수 있잖아."

장어 초밥을 좋아한다던 아이는 경우의 수를 한 가지도 몰랐지만, 친구의 설명을 들으면서 두 가지 경우의 수를 알게 되었다. 이러한 사례는 사토 마나부 교수의 지적을 통해서도 확인할 수 있다.

"교실을 관찰해 보면 아이들이 서로 배우는 관계가 교사의 지도론보다 5배 이상의 힘을 발휘한다는 것을 알 수 있다. 지금까지 1만여 개가 넘는 교실을 관찰했지만 교사의 지도력으로 학력 저하를 극복한 아이들은 거의 없었다. 그러나 아이들이 서로 배워가는 속에서 학력 저하를 극복한 사례는 수도 없이 많다."

'어려운 문제지만 한번 해볼래요'

흥덕 고등학교 수학 시간이었다. 아이들의 모둠 활동을 위해, 선생님은 수학을 앞에서 설명하기보다 문제를 던져내고 활동지를 풀도록 했다.

아이들이 문제를 풀다가 여기저기서 웅성웅성하더니 계속 선생님을 찾았다. 선생님이 도와주려고 가서 보니까, 아직 배울 단계가 아닌데 도전 과제를 낸다고 너무 앞선 문제를 내버렸다는 걸 알았다.

"얘들아, 미안하다. 오늘 선생님이 너무 어려운 문제를 낸 것 같다."

그런데 아이들이 뜻밖의 반응을 보였다. 선생님이 문제를 잘못 냈다고 하는데도 투덜대는 게 아니라 오히려 더 머리를 맞대고 풀려고 드는 것이었다. 작년만 해도 책상을 돌리라고 하면 책상을 차고 짜증을 내던 아이들이었는데 말이다.

아이들은 처음에 선생님이 내준 문제를 모여서 풀려고 했을 때, 아무리 해도 안 되자 '우리가 원래 못하니까. 못 푸는 게 당연하지'라고 생각했다.

그런데 선생님이 "한 단계를 빠트리고 그 다음 단계의 문제를 내버렸구나, 미안하다"라고 하자, 아이들의 눈빛이 달라졌다.

'아, 그렇구나. 그래서 어려웠구나. 내가 몰랐던 게 아니라 문제가 어려웠던 거구나.'

그러자 오히려 도전의식이 생기면서, '우리가 안 배운 건데도 해보려고 했던 거니까 한번 해보자'면서 아이들이 한 명도 빠지지 않고 머리를 맞대고 풀려고 했다. 물론 푼 아이는 없었다. 하지만 수업이 끝나고 나서까지 선생님에게 질문을 하며 궁리하는 모습이었다.

그 모습에 선생님들은 감동을 받았다. 수업연구회 시간에 선생님들의 목소리는 감격에 겨웠다.

"이건 문제를 풀고 못 풀고의 문제가 아니에요. 우리 학교에서, 우리 애들한테서 그런 얼굴을 봤다는 게 정말 행복합니다. 한 명도 문제를 못 풀었지만 아이들이 하려고 했어요. 그리고 그 아이들의 표정을 봤잖아요. 얼마나 행복해 하던가요."

"이 아이들이 10여 년간 학교를 다니면서 오늘같이 행복한 날은 없었을 겁니다. 아이들이 공부도 해볼 만하다는 표정이었어요."

아무리 성적이 좋은 교실일지라도 아이들이 배우기 싫어하고 그 과목을 싫어한다면, 더 이상 배우는 교실이라고 할 수 없다. 선생님들이 감동한 것은 아이들이 배우려 했다는 데 있었다. 아이들의 배움과 성장을 바라는 교사로서 그보다 더한 기쁨이 있을까.

'친구에게 물어볼 수 있어서 좋아요'

"배움의 공동체에서 나쁜 점은 무엇인가요?"

이 질문에 대해 호평 중학교의 한 학생이 재미있는 대답을 했다.

"잘 수 없어서 너무 싫어요."

모둠을 하면 도저히 잘 수가 없다는 것이다. 학교에 가보면 책상 배치가 여러 가지가 있다. 어떤 교실은 일제식으로 일렬로 앉아 있고, 어떤 교실은 ㄷ자 또는 모둠으로 앉아 있다. 그런데 교실을 돌아보면서 느낀 것은 잠자기 좋은 교실이 바로 일제식 배치라는 것이다.

특히 혼자 앉아 있는 곳이 심각한데, 어느 교실에 들어갔더니 한 줄이 모두 자고 있었다. 한 명씩 앉는 줄은 옆에서 깨우는 사람도 없으니까, 앞에 엎드려 있으면 줄지어 자기도 수월하다.

왜 ㄷ자로 만드는가에 대해 궁금해 하는 교사가 많다. 아이들이 서로 보고, 잘 소통할 수 있는 구조를 만들려고 하다보니까 교실의 공간에서 ㄷ자가 가장 이상적이었다. 앞 옆 뒤 모두 볼 수 있는 구조여서 실제로 아이들이 덕을 많이 본다. 선생님이 질문했을 때 친구 것을 베낄 수도 있어서 아이들이 좋아한다.

1인 일제식 책상 배치.

일본 도요타마 미나 소학교의 ㄷ자형 책상 배치.

안성 비룡 중학교의 ㄷ자형 수업 모습.

학기마다 ㄷ자형 수업에서 제일 좋은 점을 말해보라고 하면, "친구에게 내가 모르는 것을 물어보기가 쉽다"라는 대답이 첫 번째다. 아이들이 어떻게 느끼고 있는지 호평 중학교 학생들의 생생한 목소리를 들으면서 이 장을 마무리하고자 한다.

"작년에 처음 전학 와서 애들이 앉아 있는 걸 보고 좀 놀랐다. 전 학교에서는 항상 시험 보는 대형으로 앉았는데, 여기는 ㄷ자 모양으로 앉아 있었다. 다들 수업에 잘 집중을 했다. 전 학교에서는 앞에 앉은 애들만 수업을 열심히 듣고 뒷자리나 구석자리에 앉은 애들은 자거나 딴 짓을 하거나 장난치는 게 일상이었는데 이 학교는 아이들이 수업을 잘 듣는 것을 보고 놀랐다."

"처음엔 ㄷ자형을 왜 할까 생각도 했다. 귀찮게 의자를 많이 돌려야 하니까. 하지만 공부는 정말 잘 되는 것 같다. 모둠 활동은 발표에 비해 덜 부담이 가서 마음이 편하다. 발표를 잘 못하는 사람은 쉽게 자신의 의견을 발표하지 못한다. 하지만 모둠 활동은 큰 자신감이 없어도 쉽게 자신의 의견과 주장을 펼칠 수 있어서 좋다."

"1학기 때 분단식으로 앉아서 공부할 때는 모르는 것이나 물어보고 싶은 것이 생겼을 때 쉽게 질문하지 못했는데 ㄷ자로 바뀌고 나서는 친구에게 질문을 할 수 있게 되었다. 또 어느 시야에서나 선생님을 볼 수 있어서 수업을 더욱 집중해서 들을 수밖에 없는 것 같다. 또 반대편에 앉아 있는 친구들도 많아서 수업 방해를 하거나 조는 것 등을 할 수가 없게 되었다."

Tip 모둠은 어떻게 조직할까

소집단 협동 학습을 위해 모둠은 어떤 크기로 어떻게 조직하면 좋을까? 가장 이상적인 규모는 4명의 짝수 모둠이다. 4명이 되면 바둑판처럼 누구와도 의견을 교류하기 쉽기 때문이다. 인원이 이 이상이 되면 의견 교류가 어려워진다. 6명이 남을 경우에는 6명을 한 모둠으로 하기보다 3명으로 2모둠을 만드는 것이 배우기 쉽다.

4명의 모둠 구성은 초등학교 3학년부터 고등학교까지 해당된다. 초등 저학년인 1, 2학년은 짝 활동으로 구성하는 것이 효과적이다. 아직 4명이 서로의 의견을 들으며 교류하기 어려운 발달 단계이기 때문이다.

그리고 4명을 구성할 때 남녀공학의 경우는 남녀 각각 2명씩 구성하고 이성과 마주 보도록 하는 것이 좋다. 아이들은 보통 동성끼리 이야기하기를 좋아하고, 보통 정면으로 마주 보는 사람과 먼저 이야기를 시작한다. 서로의 의견을 다양하게 교류하기 위해서는 동성은 대각선으로, 이성은 마주 보도록 하는 것이 좋다.

중학교 남녀공학의 모둠은 남녀 2명씩, 이성이 마주 보도록 한다.

2장

교사는 전문가다

교사는 아무나 할 수 있는 일이 아니다. 수업을 디자인하고 수업 임상을 통해 역량을 키워가는 고도의 전문직이다. 그런데 안타깝게도 교사 자신이 전문가라는 걸 잊고, 동료인 교사들이 힘이 되어주지 못할 때가 종종 있다.
이와 같은 현실을 딛고, 교사로서 다시 일어서려면 무엇이 가장 필요할까. 바로 교사들의 정체성에 대한 자각과 '교사는 전문가다'라는 선언이다.

1

가르치는 전문가에서
배우는 전문가로

　교사 문화를 연구하는 학자가 재미있는 실험을 했다. 전문직에 종사하는 사람들의 얼굴 사진 100장을 깔아놓고, 지나가는 사람에게 "이 사람들의 얼굴을 보고 직업을 맞혀보세요"라고 물었다.
　거기에서 최고의 정답률을 기록한 것은 어떤 직업이었을까? 바로 교사였다. 얼굴 사진만 보고 "이 사람 교사 같아요"라고 정답을 말한 이가 가장 많았다. 이것은 무엇을 말하는가. 교사들에게는 고정된 이미지가 존재한다는 것이다.
　흔히 교사들 스스로 '계란 껍데기 같은 존재'라고 한다. 깨질까봐 드러내기 싫어하고, 수업 공개를 하고 나면 입버릇처럼 하는 말이 바로 "나 깨졌다"이다. 그처럼 깨질까 두려워하는 것이 무엇이겠는가. 바로 수업이다. 그래서 수업에 대해서만큼은 상호 불간섭주의가 교사 문화로 남아 있다. 마치 예의처럼 수업 얘기만큼은 서로 묻지 않는 것이다. 그러다 보니 교사들만의 폐쇄적인 문화를 만들고, 그 문화 안에서도 또 나만의 성을 쌓아버린다.

미국의 사회심리학자 사라손은 교사 문화를 이렇게 정의했다.

교사 문화는 교사의 생존 전략이 빚은 프로그램 규칙과 행동 규칙에서 나온 산물이다.

프로그램 규칙이란 학교의 교육과정에 대처하는 관행이다. '모든 내용을 모든 학생에게 완전하게 교육한다'는, 누구도 할 수 없는 과제에 대처하기 위한 관행을 의미한다. 이 때문에 수학 수업에서 의미의 이해보다 공식 암기와 응용을 중시한다든가, 한명 한명의 이해 속도보다 정해진 진도로 교과서를 소화하는 것을 중시하는 수업 형태가 나타났다.

교실에서 30여 명을 한꺼번에 가르치기 위해 교사들은 '발문과 응답(아는 사람이 묻고 모르는 사람이 답하는)'을 활용하고 있다. 그 발문과 응답의 대부분은 단순한 지식을 묻는 퀴즈 형식의 것이다.

교사의 행동 규칙은 학교와 관련된 인간관계에 무난하고 모나지 않게 대처하는 방식이다. 이것은 학생과의 관계뿐만 아니라 동료와의 관계, 학부모와의 관계, 교장과의 관계 등에서도 일어난다.

사라손은 교사에 대한 암묵적인 기대로부터 생겨나는 문제들에 대처해 온 관행이 교사 문화를 생성한다고 분석했다. 그러니까 교사 문화는 교사에 대한 지나친 기대와 교실의 현실적 제약 사이에서 생기는 갈등이나 딜레마에 대처해 오면서 굳어진 것이다. 그 안에는 어느 정도 피해의식도 있고, 자기방어 심리도 숨어 있다.

문제는 이러한 교사 문화에 젖어 있다 보면, 수업 전문가로서 교사의 자긍심을 잊어버리기 쉽다는 점이다. 또한 작은 우물 안에서 손바닥만 한 하늘을 세상의 전부인 양 바라보며 안주하기 쉬워서 빠르게 변화하는 세상에 적응하기 어렵다.

교사가 되고부터 교사가 된다

교사로서 그동안 잊고 있었던 전문가의 위치를 찾으려면 '교사 문화'라는 고정된 틀을 깨고 나와야 한다. 많은 사람과 만나고, 이질적인 문화를 공유하고, 외부와 끊임없이 관계 맺어야 한다. 수동적으로 자기방어에 급급한 교사가 아니라, 교실을 열고 끝없이 배우고 소통하는 프로그램과 수업을 만들어가야 능동적인 교사가 될 수 있다.

또한 전문가라면 끊임없이 수업 임상을 통해 역량을 쌓아가야 한다. 배움의 공동체에서는 수업 임상이란 말을 쓰는데, 의사가 임상 연구하듯이 교사도 수업 임상을 해야 한다는 뜻이다. 의사는 병상 옆에서 성장하고, 교사는 책상 옆에서 성장한다.

의사나 교사나 전문 역량을 쌓아가는 과정이 똑같다. 의사들이 환자의 증상을 보고 사례 연구를 하며 전문 역량을 쌓듯이, 교사도 수많은 수업 사례를 연구하며 전문 역량을 쌓아야 한다. 그런데 지금까지 교사들은 '교실과 아이들'이라는 임상의 천연 자원을 들여다보지 않은 채, 수업에 관해 책을 찾아가면서 공부했다. 실천의 지가 아닌 이론의 지에 매여 있어서다. 본인이 임상 전문가이면서 자신이 갖고 있는 자산을 인식하지 못했던 것이다.

최근 많은 학교에서 교사들이 비디오로 수업을 찍고, 이 기록을 활용해서 수업의 다채로움과 깊이를 종합적으로 연구하고 있다. 이것이 바로 수업의 사례 연구이며 임상 연구다.

또한 지금까지 전문가의 평가 기준은 과학적인 이론에 근거해 전문 지식과 기술을 펼치는 능력이었다. 의사나 변호사 등이 이에 해당하는데, MIT의 도널드 숀 교수의 표현을 빌리면, '기술적 숙달자'로서의 전문가인 것이다.

하지만 교사의 일이란 과학적인 원리나 기술로만 해결할 수 없는, 복잡하고 불확실한 것들로 가득하다. 같은 내용을 같은 방식으로 가르쳐도 학급마다 아이들마다 반응이 다르다. 따라서 '성찰'이라는 실천적 인식이 필요하다. 문제를 살펴보고 반성해 가면서 클라이언트와 협동해서 그 문제의 배후에 있는 큰 문제를 해결해 가야 한다. 도널드 숀은 이를 '반성적 실천'이라 불렀다.

물론 도널드 숀이 주장한 반성적 실천의 개념은 교육을 대상으로 논술한 것은 아니다. 하지만 '반성적 수업'이라는 개념으로 수업 연구의 패러다임을 바꾸는 추진력이 되고 있다.

반성적 수업은 교사와 아이들이 함께 '반성적 사고＝탐구'를 하고, 아이들과 교사가 구체적인 소재로 의미를 구성하고 공유하는 학습을 한다. 정해진 진도 안에서만 기술적으로 배우는 게 아니라, 교사와 아이들이 함께 주제를 탐구하고 질 높은 배움을 만들어내며 하루가 다르게 성장하는, '살아 있는 수업'이라고 할 수 있다.

교사는 교사가 되고 나서야 비로소 교사가 된다. 예전에는 대학의 교사 교육을 완성 교육이라고 생각해 왔는데, 지금은 양성 단계의 교육은 준비 교육이라고 부른다. 교사는 교직에 첫발을 내디딘 이후 퇴직할 때까지 '현직 교육'에 의해 성장한다. 그래서 교사는 생애를 통해 교사가 되는 과정을 걷는다고 할 수 있다.

수업이 어렵다고 느낄 때 성장할 수 있다

몇 년 전만 해도 교사들에게 "제일 못하는 게 무엇인가?"라고 물으면 수업이라고 대답하는 사람이 거의 없었다. "수업이 어렵다" "못 하겠다"라고 말하는 것을 부끄러워해서다. 수업이 어려운데 어떻게 아이들을 가르치느냐는 힐난이 돌아오는 탓이다.

사실 수업은 10년 20년을 해도 어렵다. 정답이 없기 때문이고, 1반에서 5반까지 똑같은 얘기를 해도 서로 다른 결과가 나온다. 그래서 수업이 어렵다고 느꼈다면 전문가로서 입문한 것이고, 못 느꼈다면 전문가라고 할 수 없다. 수업이 어렵다는 걸 안다는 건 이미 수업이 다채롭고 변화무쌍하다는 걸 파악했다는 것이다.

수업이 어렵다는 것을 인정한다면, 수업에 대해 어디서 배우고 연구해야 할까. 멀리서 찾을 것도 없다. 교사에게는 수업 임상을 할 수 있는 아주 좋은 장소가 있다. 바로 매일 아이들과 마주하는 교실이다.

일본에서 실제 교사들을 대상으로 '교사로서 성장하는 데 가장 중요한 계기가 되었던 것은 무엇인가'를 조사했는데, 그때 다음과 같은 순위로 결과가 나왔다.

    1. 자기 실천(수업)에 대한 반성
    2. 같은 학년 또는 같은 교과 담당 교사들과의 연수
    3. 교내 연수
    4. 교외의 비공식적인 연구회
    5. 교육청 주관의 연수
    6. 대학교수들의 강연

교사 교육을 담당하는 대학교수들의 강연보다 자기 실천에 대한 반성이 가장 중요한 비중을 차지한다는 것은 중요한 의미를 시사한다. 그리고 수업 실천을 개선해 가는 데 조언자로서 가장 도움이 된 사람이 누구인지를 물었을 때, 다음과 같은 순위로 대답이 나왔다.

    1. 교내의 같은 학년 또는 같은 교과 교사
    2. 교내의 선배나 동료
    3. 교장, 교감
    4. 비공식적인 연구회에서 만난 교사
    5. 교육청 장학사
    6. 대학교수

이런 조사 결과는 교사가 성장하는 곳이 자신의 교실을 중심으로 동심원으로 확산되어 있음을 보여준다. 우리는 지금까지 교사를 가르치는 전문가로 표현해 왔지만, 이제 교사는 가르치는 전문가가 아니라 배우는 전문가로 거듭나야 한다는 것도 알려준다. 교실을 중심으로 아이들, 동료 교사와 만나면서 끊임없이 자기 실천을 반성하며 배우는 일, 이것이 바로 교사가 전문가로 성장하는 원동력이다.

학교는 교사들이 연대해서 아이들 한명 한명의 배울 권리를 실현하는 장소이다. 나아가 아이들 간에 서로 배우는 관계를 만들고, 교사들이 전문가로서 서로 배우는 관계를 만들기 위해서는 수업 사례를 많이 연구해야 한다. 적어도 100회 정도의 수업 사례를 연구해야 전문성을 쌓을 수 있다고 본다. 결국 교사의 전문성은 많은 수업을 보고, 그것이 자기 성찰로 돌아올 때만이 크게 성장한다.

꾸미지 않은 일상 수업을 공개하다

교사가 전문가로 성장하기 위해서는 모든 교사가 1년에 한 번은 수업을 공개해야 한다. 한 명의 교사라도 교실을 닫고 있는 동안은 학교를 안에서부터 개혁하기는 어렵다.

그러나 많은 교사가 교실을 열고 수업을 공개하기를 꺼린다. 그 이유 가운데 하나가 수업 공개 방식의 문제점 때문이다. 일반적으로 수업 공개는 일정한 날짜에 학부모나 교육청 관계자들에게 평가를 받기 위한 형식적인 행사인 경우가 많았다. 그래서 학생들이 우렁찬 목소리로 교사의 발언에 대답하며 활발하게 수업이 진행되도록 철저한 준비를 해야 했다. 바로 그 준비 과정에서 교사도 학생도 지쳐버려서 정작 수업에서는 흥미를 잃고 보여주기 위한 형식적인 내용에 그치고 만다.

또한 정해진 평가 항목에 맞추어 준비하고 거기에 맞는 수업을 하려고 애쓰기 때문에 힘만 들고 평상시 수업이 어떻게 이뤄지는지 알기도 어려웠다. 그러나 배움의 공동체에서는 '일상의 수업 공개'를 원칙으로 한다. 수업 공개를 위해 미리 준비할 필요가 없다. 공개 수업을 위한 체크리스트 항목에 맞춰 준비하지 않고, 그 기준에 맞춰 평가하지도 않는다.

"수업 공개를 하려면 예의를 갖춰야 하지 않을까요. 영상도 나가고 선진 기자재도 써줘야지, 볼 게 아무것도 없으면 너무 밋밋하잖아요."

'일상의 수업을 공개한다'는 데 대해 마치 준비 없이 손님을 맞이한다고 생각해서 예의가 없는 게 아니냐고 생각하는 교육 관계자들이 있다. 손님을 맞으려면 안 하던 청소도 열심히 하고, 안 쓰던 도구도 꺼내놓고, 집들이하듯 교실과 수업 시간을 치장하는 것이 예의라고 생각해서다.

그렇다면 수업을 공개할 때 교사들은 그 수업에서 무엇을 봐야 할까. 바로 아이들의 배움이 어떻게 이뤄지는가를 보는 것이다. 그런데 수업을 위한 수업을 만들면 정작 아이들이 자연스럽게 배우지 못하고 낯설게 여긴다.

초등학교 4학년 공개 수업에 들어갔는데, 한 여학생이 대뜸 이렇게 말했다.

"선생님 오늘 왜 이러세요?"

"선생님이 왜?"

여학생이 고개를 갸우뚱하기에 그 이유를 물었다.

"보통 때는 칠판에 저런 거 안 썼는데요. 손님이 오셔서 그러시는 거예요?"

초등학생의 솔직한 대답인데, 그만큼 일상의 수업과 공개 수업의 간극이 컸다는 걸 보여주는 말이기도 하다. 아이들이 낯설어하는 수업에서는 긴장감이 생길 수밖에 없고, 그러다 보면 편안하고 자연스럽게 배움이 일어나기가 어려워진다.

참관하는 교사들에게 보여주기 위한 수업이 아니라, 평상시의 자연스러운 수업을 공개해야 한다. 그래야 정확한 관찰과 배움이 이루어지고, 정확하고 깊이 있는 성찰과 반성으로 이어질 수 있다.

교사의 동료성, 전문가로서의 연대

일반적으로 교사는 가르치는 직업이라고 여겨서 배움에 서투르다. 그러나 배우지 않고는 성장하기 어렵다. 특히 교사들이 서로 배우는 것이 중요한데, 그 첫 걸음은 학교를 함께 성장하는 장소로 인식하고 바꿔가는 일에서 시작된다.

교사들이 동료성을 만들어내기 위해서는, 모든 교사가 교실을 열고 서로 수업을 관찰하고 서로 비평하는 관계를 만드는 것이 가장 중요하다.

그러나 교사들은 수업 공개를 교사의 일 가운데 가장 힘들고 곤란한 일로 여긴다. 자신의 약점을 동료에게 털어내 놓기 싫고 자기가 하는 방법에 대해 동료로부터 간섭받기 싫다는 심리가 있어서다.

또한 교사들이 수업 공개를 꺼리는 데는 수업 공개 평가에도 문제가 있다. 지금까지 수업 공개를 하면, 수업을 관찰하고 어느 부분이 좋고 어느 부분이 서툰지 교사를 평가하는 데 치우쳤다.

이 때문에 상처받은 교사가 많은데, 온몸으로 비난의 화살을 맞는 것을 누가 좋아하고 반기겠는가.

　수업 교사를 집중적으로 공격하는 듯한 낯선 분위기에서 동료성이 생길 리도 없다. 교실을 열고 수업을 공개하는데 저항을 느끼는 교사들의 대부분은 수업을 공개해서 불쾌하고 괴로운 경험을 한 경우가 대부분이다.

　공개 수업을 참관한 교사는 수업 교사에게 조언부터 할 것이 아니라 자신의 배움을 먼저 생각해야 한다. 수업에서 일어난 사실로부터 내가 무엇을 배웠는지를 성찰하는 것이 전문가의 자세다. 중학교 1학년 사회 공개 수업을 보고, 과학 교사가 이렇게 말했다.

　"수업 선생님이 말씀을 많이 하지 않고 차분하게 진행하니까 아이들에게 활동 시간이 주어지는데, 제 수업은 아이들에게 주어진 과제의 분량이 너무 많아서 활동 시간이 부족했다는 생각이 듭니다. 성취도 평가도 해야 되고 가르쳐야 하는 내용도 있는데 어떻게 해야 할지, 아직 해결 방법은 찾지 못했지만 수업 디자인을 새롭게 하면서 방법을 찾아야겠다는 생각을 했습니다."

　수업 교사의 장점을 발견하고, 자신의 수업을 살펴보는 데서 바로 배움이 일어난다. 그런데 비전문가는 아쉬운 점만 보고, '저 정도는 나도 할 수 있다'라는 생각부터 한다.

　어느 학교에 가보니 수업 교사를 신랄하게 비판하는 사람에게, 사회자가 "정말 예리한 지적을 하셨습니다" 하면서 함께 공격하는 것이었다. 그러자 뒤에 있던 학부모도 똑같이 수업 교사에게 이런저런 지적을 했다.

　"우리 아이들이 책을 안 보니까 신문 같은 걸 자료로 많이 쓰시는 게 좋겠습니다."

　자료를 쓰든 안 쓰든, 어떤 자료를 쓰든, 그것은 전문가인 교사가 판단할 문제다. 교사는 전문가이니만큼 비전문가는 교사의 판단을 존중해야 한다. 그런데 동료 교사가 수업에 대해 이러쿵저러쿵 비판을 하니까 참관하던 학부모까지 마이크를 잡고 수업 교사를 비난하고 나선 것이다.

교내 연수에서는 수업연구회 방식을 개선해서 동료성을 만들어가야 할 필요가 있다. 수업 참관자가 수업의 개선점에 대해 조언하고 지도하는 형식이 아니라, 그 수업을 관찰하고 스스로 배운 것을 이야기하고, 서로 다양성을 교류하며 함께 배우는 관계를 만들어야 한다.

그리고 새로운 학교 모델을 만들어가는 학교에서는 3월에 새로 오는 선생님을 위해 환영식부터 하는 게 아니라 학교의 비전을 설명하고 공부하는 모임을 먼저 만들어가는 게 어떨까. 교사끼리 친목도 중요하지만 전문가의 관계로 먼저 만나야 동료성을 세울 수 있고, 학교에서 전문가 관계를 만들어야 교사로서의 자긍심이 단단해질 수 있다.

교사는 아무나 할 수 있는 일이 아니다. 수업을 디자인하고 수업 임상을 통해 역량을 키워가는 고도의 지적인 작업을 요구하는 전문직이다.

안타깝게도 교사 자신이 전문가라는 걸 잊고, 동료인 교사들이 서로를 인정하지 않고 힘이 되어주지 못할 때가 종종 있다. 지금 필요한 것은 전문가로서 연대하고 동료성을 만들어내는 것이다. 교내 연수를 정례화해서 수업의 질을 높이고 교사들이 서로에게 배우는 시스템을 만들 때, 전문가로서 교사의 위상은 바로 설 수 있다.

2

아이들의 배움을 살리는 교사의 역할

보고 있으면 관찰자이지만 듣게 되면 참가자다.

20세기 최고의 교육 철학자인 존 듀이의 말이다. 교실에서 듣게 되면 수업에 참가한다는 것으로, 단순히 교사의 말을 듣는 게 아니라 아이들 사이에 듣기가 이루어지는 것을 말한다. 그런데 지금 우리의 교실은 어떤가. 대부분 자신의 배움만 생각할 뿐 다른 사람의 배움과 표현에는 귀 기울이지 않아서 서로 배우는 관계가 이뤄지지 않는다.

많은 아이가 손들어 의견을 말하고 드라마틱하게 전개되는 수업도 정작 들여다보면 아이들이 아는 것을 반복하여 말하는 것에 불과한 수업이 많다. 이런 수업이 반복될 때 아이들은 수업 안에서 배우는 것을 경시하게 된다.

대부분의 수업에서 아이들이 자신의 의견을 말하는 데는 열심이지만 다른 아이들이 무엇을 말하는지에 대해서는 관심이 없다. 선생님이 무엇을 이야기하는가, 시험에 무엇이 나올 것인가 하는 것만이 아이들이 배우는 목적이 된다. 그 결과 수업은 화려해지고 보기에는 좋아 보이지만 아이들이 그 안에서 성장하고 있는 것은 아니다.

서로 들어주고 배우는 관계 맺기

교실에서 서로 듣는 관계를 만들려면 가장 먼저 교사가 달라져야 한다. 아이들 한명 한명의 말에 귀 기울이며 민감하고 정중하게 대응하면, 아이들 사이에 듣는 관계가 자연스럽게 만들어진다. 또한 조용하고 차분하게 대화하며 서로 배우는 관계가 이루어진다.

그런데 교사들은 아이들의 이야기를 일일이 다 들어줄 수가 없다. 진도도 나가야 하고 아이들의 이야기가 교사가 원하는 대답도 아닌 경우가 많기 때문이다.

또한 수업을 진행하다 보면 아무래도 교사의 생각에 따르고 잘하는 아이의 의견을 받아들이는 경향이 있다. 그래서 교사의 생각과 다른 이야기가 나오면, 자칫 지나치기 쉽다. 그러나 교사가 아이의 말을 알아차리지 못하거나 배제하면, 아이는 두 번 다시 발언을 하지 않게 된다. 자존심이 상하는 행위를 계속하고 싶어 하는 사람은 없기 때문이다.

어떻게 하면 듣기가 될까. 특별한 기술이 있는 것이 아니라 단순하고 우직한 실천만이 필요하다. 바로 기다려주는 것이다. 그런데 교사들은 듣기도 익숙하지 않지만, 기다리기는 더 못 한다.

흔히 진도 때문에 마음이 바빠서라고 하지만, 근본적으로는 아이들을 못 믿는 데 원인이 있다. '기다려도 별 수 있겠나' '별다른 이야기가 나오겠나' '모를 거야' '안 될 거야' '못할 거야'라는 생각 탓이다. 그래서 듣기를 하려면 기다려야 되고, 기다리는 마음을 가지려면 아이들이 '할 수 있다'고 믿어야 한다.

해남 송지 중학교 임혜진 선생님은 배움의 공동체를 시작했는데 실제 수업은 아이들의 이야기를 듣고도 선생님이 정리해 주는 식으로 진행했다고 한다. 그러자 아이들은 더 이상 이야기를 하지도 듣지도 않고 마지막에 선생님이 정리해 주는 내용만 받아 적으려 했다. 그것은 상대적으로 공부를 열심히 하는 학생들이 더 심했는데, 정답만 추려내는 것이 더 효율적임을 체득한 탓이었다.

모둠 수업이 점점 잡담으로 시끄러워지고 국어 시간만 책상을 돌리는 것에 대해 아이들이 짜증을 내자, 중간고사가 끝난 후에는 다시 책상을 칠판 쪽으로 모두 돌렸다고 한다.

"1학기를 마치고 배움의 공동체 기초 과정 연수를 받으면서, 내가 간과했던 것을 조금이나마 깨닫게 되었어요. 책상을 ㄷ자로 돌리고 질문을 퍼붓고 '들어보자'만 강조했지, 정작 아이들의 말을 제대로 경청하지 못했어요. 기다려줄 줄도 몰랐고 내가 요구하는 수업의 양을 따라와 주지 못한다고 발을 동동거렸던 겁니다.

그래서 고입 시험이 있는 3학년은 접어두고 2학년을 대상으로 다시 시작했습니다. 2학년들은 입학할 때부터 공부 안 하기로 유명했어요. 매시간 윽박지르고 화를 내지 않으면 수업 진행이 안 될 정도로 시그럽고 산만했지요. 기초 미달도 20퍼센트가 넘었습니다."

이런 아이들이 과연 바뀔 수 있을까. 교사가 아이들의 말에 귀 기울이고 들어주고 기다려주었을 때, 아이들은 과연 달라졌을까.

"정답만 말하던 공부 잘하는 아이들이 감히 상상도 못할, 감수성 풍부하고 섬세한 수업이 진행되었습니다. 매시간 뒤에 서서 벌 받으며 수업 받던 아이가 진지한 눈빛으로 '국어 시간이 제일 좋다'고 말해 주었고 '잘 들으랬잖아' 하며 어느새 내가 할 말을 대신해주는 아이들도 많이 생겼습니다.

특히 놀라웠던 것은 많은 아이가 텍스트를 깊이 있게 읽고 그것을 다른 친구들이 이해할 수 있을 정도로 설명할 수 있었다는 점입니다. 국어 시간에 텍스트에 관해서는 한 구절이나 한 문장 이상의 말을 하지 못하던 아이들이었는데 말입니다."

이것이 바로 교사가 귀 기울여 들어주고 기다려주었을 때, 아이들이 보여주는 기적이다. 많은 교사가 아이들은 좀체 바뀌지 않는다고 하지만, 현장에서 만나는 사례들은 교사가 바뀌는 순간부터 아이들은 빠르게 달라진다는 것을 보여준다.

물론 처음에는 몸에 밴 습관을 털어내는 것이 쉽지 않다. 그러나 교사가 진정성을 갖고 그 과정을 참고 견디면, 아이들과 교사의 배움은 상상하기 힘들 만큼 크고 깊다.

아이들을 변화시키는 교사의 말과 표정

영화 〈친구〉에 이런 장면이 나온다. 교사가 질문을 던지고 한 명이 일어나서 발표하자, 교사는 그에 대해 이렇다 저렇다는 말 한 마디 없이 "자, 뒷사람" 하면서 뒤로 계속 넘어간다. 몇 사람의 대답을 듣고는 선생님이 결론을 짓는다. 아이들은 정답인지 아닌지만 평가받고, 교사는 설명조차 없이 평가만을 내린다. 권위적이고 일방적인 수업 분위기가 고스란히 드러나는 교실 풍경이다.

교실에서 교사와 학생이 주고받는 말을 보면 보통 '발문, 응답, 평가'의 사이클을 이룬다. 교사가 발문하고 아이들이 응답하고, 그 다음에는 '맞다, 아니다'를 교사가 평가한다. 그런데 교사들은 '맞다, 아니다' 평가만 할 뿐 대답한 아이에게 아무런 설명도 해주지 않는다. 이때 아이들이 배우는 것은 무엇일까. 앞뒤 인과 관계도 모른 채 단지 틀렸다, 맞았다는 자각만이 남을 뿐이다.

교사는 아이들의 말을 있는 그대로 받아들이고, 정중하게 대하는 것이 중요하다. 아이의 말이 잘못되었더라도 그 아이 나름의 생각이 있으므로 존중해야 한다. 그래서 "틀렸어. 자, 다음 사람"이라고 간단하게 처리하지 않고, 그 아이가 왜 그렇게 생각했는지를 함께 생각해 보는 것도 필요하다. 이처럼 존중하면 아이들은 편안하게 자신의 생각을 말할 수 있게 된다.

물론 아이들의 이야기를 듣는다고 해서 수업에 다 연결시켜야 하는 건 아니다. 어떤 부분을 어디에 연결시킬까도 판단해야 한다. 특히 학년이 높아지면 교사의 이야기에 장난처럼 대꾸하는 아이들이 많아지므로 교사가 흐름을 잡고 현명하게 대처해야 한다. 어느 고등학교 영어 시간에 선생님이 물었다.

"파가 영어로 뭐지?"

"칠성파요."

한 아이가 장난하듯 대답했다. 이때 선생님이 "칠성파가 아니고"라며 한 마디만 대꾸해도 분위기는 칠성파 얘기로 흘러가버리고, 다른 아이들까지 그 소재에 끼어들어 버린다. 이럴 때는 한 마디도 대꾸하지 않는 것이 좋다. 영어 선생님이 다시 물었다.

"우리나라 음식 파전을 영어로 하면 떠오르는 게 뭐예요?"

"동동주요."

파전 하니까 동동주가 생각나서 장난으로 대답한 것인데, 이번에도 선생님은 그 단어에 주목하지 않았다. 물론 야단을 치거나 하지도 않았다. 그러자 아이는 재미가 없었는지 제 풀에 꺾여서 더 이상 그처럼 장난기 어린 대답을 하지 않았다.

교사의 귀는 아이들을 향해 늘 열려 있되, 어떤 말에 주목해서 배움에 연결할 것인가, 어떤 말을 버릴 것인가를 잘 판단해야 한다. 교사가 연결하는 한 마디에 따라 수업 분위기가 달라질 수 있어서다.

배움의 교실을 만들려면 교사의 태도가 열려 있고 유연하며 부드러워야 한다. 교사가 긴장감을 낮추고 부드러운 수업 분위기를 만드는 데 무엇이 필요할까. 먼저 말을 줄여야 한다. 수업 시간에 교사가 너무 말을 많이 하면 아이들의 이야기를 듣지 못할 뿐만 아니라 말이 차고 넘쳐서 다시 주워 담을 수 없는 이야기까지 해버리기도 한다.

교사들은 아이들이 하나라도 더 배우게 하려고 많은 설명을 하지만, 폭포수처럼 쏟아지는 말들은 아이들의 귀에 꽂히지 못하고 대부분 흘러

가버린다. 이때 아이들에게 배움은 '나'라는 주체가 빠진 것이어서, 아이들의 귀에는 교사 혼자 끊임없이 불러대는 공허한 메아리로만 울릴 뿐이다. 그래서 교사가 말을 많이 한다고 아이들이 잘 배우는 게 아니고, 큰 소리로 이야기한다고 아이들에게 잘 전달되는 게 아니다.

요즘은 수업 시간에 마이크를 쓰는 선생님이 많은데, 그 소음 공해가 이만저만 심각한 것이 아니다. 어떤 학교는 대부분의 교사가 전 시간 마이크를 써서, 소리가 퍼져 나가 듣기가 괴로울 정도였다. 오전부터 하루 종일 교실을 돌다 보면 오후에는 선생님의 마이크 소리가 내 귀에도 안 들어온다. 아이들이 말을 안 하고 있어서 그렇지, 얼마나 괴롭고 불편하겠는가.

사실 마이크를 쓸 때나 안 쓸 때나 사람이 내는 목소리는 거의 같다. 울려 퍼지는 소리 때문에 작은 목소리도 크게 들리는 것처럼 느껴질 뿐이다. 그리고 아이들 입장에서도 '우리가 떠들면 선생님이 목소리를 더 올리겠지' 해서 서로의 목소리만 높이는 결과를 가져온다. 이러한 악순환을 줄이고 수업을 차분히 진행하려면, 교사는 마이크를 떼고 오히려 목소리를 낮추고 말을 줄여야 한다.

교실에 들어가 보면 표정 없는 선생님을 종종 만난다. 물론 처음에는 열심히 하려고 했는데 아이들이 너무 힘들게 하니까 교사들도 지쳐서일 것이다. 그러나 다시 초심으로 돌아가서 교사부터 소생하지 않으면, 아이들은 결코 달라질 수 없다.

선생님의 말과 표정이 부드럽지 않으면, 아이들이 물어보기는커녕 말조차 걸 수 없다. 배움의 관계를 만들 수가 없는 것이다. 교실에서 선생님의 표정이 부드럽고 편안하며, 아이들의 말에 따뜻하게 대응할 때, 아이들이 달라지고 수업의 질은 곧바로 높아지기 시작한다.

연결 짓기, 배움과 배움을 잇다

교사의 역할 가운데 중요한 것으로, 연결 짓기가 있다. 수업에서 아이들이 서로에게 배울 수 있도록, 배움이 잘 연결되도록, 징검다리 역할을 하는 것이다.

- 교재와 아이들을 연결한다.
- 이 아이와 저 아이를 연결 짓는다.
- 오늘 수업과 내일 수업을 연결 짓는다.
- 하나의 지식을 다른 지식과 연결한다.
- 어제 배운 것과 오늘 배울 것을 연결 짓는다.
- 교실에서 배우는 것과 사회에서 일어나는 일을 연결 짓는다.
- 아이들의 현재와 미래를 연결한다.

그런데 수업에서 연결 짓기보다 끊는 일로 시종일관하는 경우가 많다.
"동수의 의견은 어떻니?"
"그렇군, 자, 다른 의견은?"
이와 같이 지명하면, 한 아이의 발언과 다른 아이의 발언이 연결되지 않고 끊어져버린다. 이때 반대로 "동수는 그렇게 이야기하는데, 그걸 들으니까 영희는 어때?"라고 하면, 두 아이의 생각이 연결된다.
연결 짓기는 수업에서 교사가 아이들의 이야기를 듣고 그대로 마무리

하는 것이 아니라 이어주는 것이다.

"철수의 이야기에 대해 어떻게 생각하니?"

"경채의 말은 혜수의 이야기와 같을까 다를까?"

"은영이가 하는 말이 교재(교과서)의 어디에 쓰여 있니?"

"민재가 한 것과 같은 경험을 한 적이 있니?"

이처럼 한 아이의 이야기를 다른 아이의 말, 교재와 이어준다.

모둠에서 아이들이 집중할 수 있는 시간은 그리 길지 않다. 길어야 7분이다. 초인적인 힘을 발휘하면 15분인데, 대체로 15분까지도 못 간다. 그 정도로 아이들은 주제를 놓치고 엉뚱한 데 왔다 갔다 한다. 따라서 교사는 그 지점을 잘 보고 배움을 연결하거나 되돌리기를 해야 한다.

모둠을 만들어놓으면 특히 수학 시간에 오류를 답이라고 써놓고 활동지를 엎어놓고 있는 아이가 많다. 그러고는 엉뚱한 얘기만 하며 시간을 보낸다.

"수학 시간에 아이들이 굉장히 열심히 했어요. 그런데 문제풀이로 들어가니까 못하는 거예요. 그래서 다시 되돌아가서 또 토의를 했는데도 문제를 풀지 못하는 학생이 상당수가 나오더라고요. 수학 수업에서는 모둠을 하지 않고 일대일로 가르쳐야 될까요?"

수학 교사의 질문이었다. 아이들이 뭔가 열심히 이야기하고, 열심히 토론하니까 '잘하고 있구나' 하고 넘어갔는데, 알고 보니 아이들이 내용이 뭔지도 모르고 그냥 신이 나서 얘기만 열심히 한 경우다. 논리를 가지고 배움이 연결되는가를 봐야 하는데 '아이들끼리 이야기하네' '서로 뭔가 관계가 만들어졌구나' 하는 것만 기쁘게 생각한 것이다. 관계까지만 보고 배움까지는 못 들여다본 것이다.

수업에서 교사의 활동은 아이들의 배움을 주의 깊게 살피고 연결 짓는 것이 가장 중요하다. 연결 짓기가 효과적으로 이루어질 때 아이들의 배움이 깊어지고 풍성해질 수 있다.

불필요한 개입 없이 배움을 관찰하다

"정서적인 문제, 의사소통의 문제로 수업에 참여하지 못하는 아이가 많다. 그러한 아이들의 문제를 교사 혼자의 힘으로 해결한 사례를 본 적이 없다. 아무리 훌륭한 교사라도 40여 명의 아이들, 중학교에서는 200여 명의 아이들을 한명 한명 돌본다는 것은 불가능하다. 이 한계를 인정해야 한다."

사토 마나부 교수는 교사 혼자서 모든 아이를 가르칠 수 없다는 점을 지적했다. 하지만 소집단 활동을 통해 아이들끼리 서로 배울 수 있기 때문에 교사는 불필요하게 끼어드는 것을 줄이고, 아이들끼리 배움이 잘 일어나는지 잘 관찰하는 것이 중요하다고 말한다.

교사가 도와주지 않아도 잘 하는 모둠이 있고, 도와주지 않으면 나아가지 못하는 모둠이 있다. 교사는 아이들을 유심히 보고 활동하지 못하는 아이들을 찾아내서 포기하지 않도록 돕는다. 이때도 답을 주는 게 아니라 "이 친구 거 볼래?" 하고 연결시켜 주면서 아이들이 함께 배우도록 하는 것이다.

그런데 교사로서는 부족한 아이들이 있는 모둠을 보면 참고 있기가 어렵다. 4명이 아는 것이 없고 더군다나 다른 방향으로 가고 있을 때는 끼어들고 싶어진다. 그런데 사토 마나부 교수는 이 순간이 중요하다고 지적한다.

"학생들이 점프하기 전에 이런 현상을 보인다. 아이들이 점프하기 직전에 넘어지는 거라고 보면 된다. '알았다'라고 하기 전에는 아이들이 어쩔 수 없으니 헤매는 것이다. 그런데 이때 교사가 개입하면 점프할 기회를 박탈하는 게 된다. 교사의 역할은 아무런 말도 못하는 아이를 연결시켜 주는 것 말고는 관찰만 해야 한다."

아이들이 모둠 활동을 할 때 불필요한 개입을 하지 말라 했다고, 정말 아무것도 안 하고 수업 시간에 책을 읽는 교사를 만난 적이 있다. 아이들에게 모둠 활동을 30분 주고는 소설책을 읽는 거였다. 그러다 힐끗 보고 아이들이 떠든다 싶으면 책을 읽다가 벌떡 일어나 소리를 질렀다.

"조용히 해. 왜 너희는 모둠만 만들면 떠드냐."

그러고는 나중에 수업연구회에서 이렇게 이야기한다.

"모둠을 해도 하나도 안 되던데요. 애들이 더 떠들기만 하고."

불필요하게 아이들의 배움에 끼어들지 말라는 것이지 중요한 개입을 하지 말라는 건 아니다. 모둠에서 아이들이 서로 배울 수 있도록 해주고, 교사는 모둠들에서 어떤 이야기가 오가는지 배움을 관찰해야 한다. 그리고 아이들의 이야기가 어디에서 비롯되었는가도 들어야 한다.

- 교재의 어떤 부분에서 나온 말인가.
- 다른 아이의 말에서 어떤 부분이 어떻게 연결되어 나온 말인가.
- 전에 했던 말과 어떻게 연결되는가.

이러한 연결 짓기를 하려면 교사는 아이들의 말과 행동에 민감해야 한다. 가령 아이의 눈빛을 보면, 아는 듯 웃고 있지만 사실은 엉뚱한 생각을 하고 있다는 걸 알 수 있다. 이때 그 아이를 모르는 부류로 나눠버리는 게 아니라 어떻게 도와줄까를 생각하고, 그 아이에 맞게 교재와 연결시켜 주고 친구와 연결시켜 주는 것이다. 또 아직 내용을 모르는 아이들이 많다면, 다시 배울 수 있도록 되돌리기를 해야 한다.

되돌리기, 주제를 다시 만나게 하다

되돌리기란 교사가 다시 설명하는 게 아니라 아이들이 주춤거리고 있는 주제·내용·활동으로 다시 돌아가 한번 더 해보도록 하는 것이다. 그리고 그 되돌리기는 교재를 한번 더 읽어보기, 모둠 활동을 한번 더 해보기 등으로 다시 한번 더 해보고 생각함으로써 정확하게 배우도록 한다.

예를 들어 중학교 1학년 과학 수업에서 '고체가 액체로 변했을 때 어떤 것이 변하고 변하지 않는가를 살펴보자'라는 과제를 던졌다. 그런데 아이들을 보니까 문제의 뜻을 이해하지 못하고 일곱 모둠 중에 네 모둠이 엉뚱한 곳에서 헤매고 있다면, 교사가 판단해서 다시 되돌리기를 하는 것이다.

"잠깐만, 지금 '변한다, 변하지 않는다'가 무엇을 의미하는지 잘 이해를 못하는 것 같은데, 누가 설명해 줄래?"

이처럼 아는 아이들 가운데서 그 이야기를 다시 설명하도록 한다.

그리고 '변하는 것과 변하지 않는 것'을 물었을 때, 서로 엇갈리는 답이 나왔다면, 교사는 "모둠에서 다시 한 번 이야기해 보자"고 과제를 모둠으로 되돌릴 수 있다.

'변한다고 생각하는 아이는 왜 변한다고 생각하는가.' '변하지 않는다고 한 아이는 왜 변하지 않는다고 생각하는가.' 서로의 논리를 한 번 더 이야기하고 듣게 함으로써 배움을 깊이 있게 만드는 것이다.

"지금 두 가지 이야기가 나왔는데, 그러면 다시 한 번 모둠에서 더 이야기를 나눠볼래?"

이것이 교사가 할 수 있는, 되돌리기의 한 예이다. 그런데 교사들이 되돌리기 활동을 경시하는 경향이 있다. "다음은 어떻게 되지?"라는 식으로 앞으로만 진도를 나가려는 습성 탓이다. 그렇게 되면 대다수의 아이들은 이해를 못한 채 남겨지고 일부 아이들만 참가하는 수업이 진행된다.

학습 과제가 어려울 때는 그 전 단계로 되돌아감으로써 다시 출발한다. 그러면 뒤처진 아이도 참가하게 되고, 다양한 개인들의 충돌을 조정하여 높은 배움으로 나아갈 수 있다.

아이들 한명 한명의 발언을 의미 깊게 받아들이고, 그 발언이 다른 아이들에게 충분히 전달되지 않았을 때는 "영희가……라고 말하네요" 하면서 다른 아이들에게 되돌려준다. 그리고 그 이야기를 모둠, 전체, 교재 그리고 그 전에 했던 이야기와 만나도록 한다.

되돌리는 일만큼은 아이들이 할 수 없다. 이 일은 교사가 해주어야 한다. 이것을 통해서 아이들은 몰랐던 것에서 다시 출발해 새로 배움에 도전하고 발돋움할 수 있다.

그렇다면 되돌리기는 어느 시점에 해야 할까. 수업에 따라 다르겠지만, 모둠 활동에서 반 정도가 이해를 못하고 있다면 그때 "자, 이야기를 한 번 더 나눠보자" 하고 전체로 되돌린다.

이때도 이해하고 있는 아이 가운데 누군가가 설명하도록 한다. 또 상반된 의견이 나온다든가 더 깊이 논의할 것이 있다면, "모둠 안에서 다시 이야기해 볼래?" 하고 전체로 되돌린다.

이러한 흐름을 읽고 되돌려내는 게 교사의 전문성이다. 교사는 '넌 모를 것이다, 혹은 알 것이다' 하고 아이들을 규정할 게 아니라, 전체적인 맥락을 이해하며 아이들이 배우는 흐름을 판단하고 잘 흘러갈 수 있도록 교통 정리를 하는 것이 주된 활동이다.

잘하는 아이가 못하는 아이를 가르치지 않는다

교실에서 아이들끼리 듣는 관계가 만들어지면, 그 다음에는 묻고 배우는 관계로 나아간다. 지금 교실에서 아이들이 제일 못하는 것 가운데 하나가 '다른 사람에게 묻지를 못한다'는 것이다. 그래서 도움을 요청하지 못하고, 의존도 하지 못한다.

아이들이 모르는 게 있으면 묻고 배우는 관계를 만들어낼 때, 흔히 교사가 "같이 하자" "서로 도와주세요"라고 이야기한다. 그러면 잘하는 아이들은 '내가 가르쳐줘야 한다'는 책임감을 갖기 쉽다. 그래서 잘하는 아이들이 못하는 아이들을 가르치려 들고, 가르쳐주다가 잘 못 알아들으면 쥐어박기도 한다. 그럴 때는 교사가 방향을 잡아주어야 한다.

"모르는 게 있거나 아직 못한 사람은 다른 친구들은 어떻게 하고 있는지 봅시다. 그리고 다 한 사람도 내 것만 가지고 있지 말고, 다른 사람은 어떻게 하고 있는가를 한번 봅시다."

즉 잘하는 아이가 "다 했는데요"라고 말하면, 교사는 "먼저 한 사람은 못한 사람을 가르쳐주세요, 도와주세요"가 아니라 "다른 친구는 어떻게 하고 있는지 봅시다"로 바꾸자는 것이다.

　못하는 아이를 가르쳐주라고 하면, 잘하는 아이는 자기가 잘난 줄 알고, 다른 친구에게서 배우는 관계를 만들지 못한다.

　어느 중학교 교실에서 한 모둠에 남자아이 두 명이 잘하고 여자아이 두 명이 내용을 이해하지 못하고 있었다. 그래서 남자아이들끼리만 이야기하고, 한 여자아이는 손장난만 하고 있고, 한 여자아이는 두 남학생의 이야기를 지켜보고 있었다.

　두 남자아이가 잘난 척을 하고 싶었는지, 못하는 아이에게 가르쳐주라는 말을 들어서였는지, 도도한 표정으로 여학생에게 말했다.

　"야, 배우고 싶냐?"

　두 남학생을 지켜보고 있던 여학생이 아무 대답도 안 했다. 그러자 남학생이 "가르쳐줄까?" 하고 다시 물으니까 여학생이 이렇게 말했다.

　"괜찮아. 안 가르쳐줘도 돼. 너희 둘이서 이야기할 때 나는 이미 듣고 다 배웠다."

　처음 여학생의 말을 들었을 때, 남자아이가 잘난 척 하는 게 보기 싫어서 그렇게 말하나 싶었다. 그런데 나중에 보니까 실제로 혼자서 문제를 풀었다.

　나중에 수업연구회에서 그 여학생이 문제 푼 것을 본 선생님이 말했다.

　"정말 깜짝 놀랐습니다. 특수반 가야 되는 아이인 줄 알았거든요."

　그처럼 학습이 뒤처지는 아이도 친구들이 나누는 이야기를 듣는 과정에서 배우기도 한다.

　또다른 모둠에서는 남자아이가 다른 남자아이를 가르치는지 실랑이가 일어났다. 못하는 아이는 덩치가 컸는데, 말도 잘 못하고 많이 느렸다. 그러니까 잘하는 아이가 한 번 쥐어박고 설경하고는 "아직까지 모르겠냐" 하고는 또 쥐어박았다. 원래 친구들끼리 가르치라고 하면 선생님보다 더 지독하게 가르치는 게 있다. 선생 노릇을 톡톡히 하는 것이다.

어느 초등학교 2학년 교실에 갔더니, 남자아이들이 수업에 들어가기 싫다고 야단이었다. 알고 보니 짝 활동에서 가르쳐주라고 한 게 화근이었다.

남녀 짝을 하는데 초등학교 때는 대체로 여자아이들이 야무지고 똑똑한 반면에 남자아이들은 좀 늦는 편이다. 선생님이 못하는 아이들을 가르쳐주라고 했더니, 여자아이들이 쉬는 시간에 남자 짝이 나가서 놀지도 못하게 한 것이다.

"공부도 못하는 게 나가서 놀려고 해? 내가 숙제 낼 테니까 풀어."

그러고는 남자아이를 쥐고 흔들며 야단을 쳤다. 남자아이가 학교 가기 싫다고 울 정도였는데, 선생님은 이러한 상황을 미처 몰랐다고 한다. 어느 날 여자아이가 선생님에게 도장 스탬프를 달라고 해서 쓰게 했는데, 그때 선생님은 그 여자아이가 남자 짝에게 하는 말을 들었다.

"오늘은 잘했으니까 내가 찍어줄게."

여자아이가 문제를 잘 풀었다며 남자아이에게 도장을 찍어준 것이다. 남자아이는 여자아이가 무서워서 고개를 못 들 정도였다. 이렇게 되면 서로 배우는 것이 아니라, 일방적으로 가르치는 뒤틀린 관계를 만든다. 또한 가르치는 아이를 교만하게 만들고, 가르침을 받는 아이는 배움에 대해 거부감을 갖게 된다.

쓰기보다 교류가 우선이다

모둠 안에서 아이들은 어떻게든 교류를 하게 된다. 다른 친구들의 이야기를 들으면서 '아, 저렇게 하는 거구나' 하고 다른 친구의 생각도 알고, 자신의 생각도 발전시키면서 생각이 풍부해진다.

교류하고 소통하면서 생각이 서로 다를 수 있고, 다른 생각 가운데 어떤 아이는 정답일 수 있고 오답일 수 있다는 걸 알게 된다. 또 오답은 오답대로 깨달음을 준다.

'쟤는 왜 저렇게 틀린 생각을 할까' '아, 쟤하고는 여기가 다르구나' 하면서 자연스럽게 차이를 배울 수 있다. 이처럼 모둠 활동은 아이들끼리 대화하고 교류하는 것이 우선인데, 수업 시간에 대화보다 적기가 우선인 경우가 많다. 특히 쓰기를 많이 시키는 초등학교 선생님은 이렇게 말한다.

"적어야 그나마 말이 되지, 애가 모르기 때문에 말을 아예 못 합니다. 그래서 적어 가지고 이야기하도록 하는 거예요."

또 어떤 교실에서는 각자 다 적은 후에 서로 바꿔 보기를 통해 교류를 유도하고 있다.

'대화를 통해 이 생각 저 생각을 다 듣고 나서 내 생각을 정리하는 것'과 '일단 쓰고 나서 돌려 보고 다시 내 생각을 정리하며 고쳐 쓰는 것' 중에 어느 것이 더 유연한 방법일까. 일단 쓰는 것은 말하는 것보다 바꾸기가 어렵다. 아이들은 한번 적고 나면, 친구의 생각을 자신의 것으로 발전시키려 하지 않는다.

교사가 쓰기부터 시키면, 결국 아이는 자신의 것만 하게 된다. 4명이 앉아 있어도 의미 있는 모둠 학습이 되지 않는다. 그래서 쓰기에 집중시키기보다 이야기하고 배우는 관계 만들기가 먼저다. 적고 돌려보게 하기보다는 먼저 이야기하게 하는 것이다.

그런데 아이들이 대화하며 교류할 때 눈여겨봐야 할 것이 있다. 서로 배우는 것은 서로 이야기하는 것과 다르다는 점이다. 이야기를 활발하게 하는 아이들은 배우는 것이 아니라, 단지 이야기만 하고 있는 경우가 많다. 배우고 있을 때는 소곤소곤 작은 소리로 얘기하지 활발하게 얘기하지 않는다.

우리가 진지한 대화를 할 때 큰 소리로 떠들지 않는다는 점을 생각해봐도 알 수 있다. 서로 배우는 것은 서로 가르치는 것과도 다르고 서로 이야기하는 것과도 다른데, 이것은 1년 정도 실천해 보면 그 차이를 알 수 있다.

아이들은 활동지나 학습지를 받아들면 우선 무조건 빈칸부터 채워 적으려는 습관이 있다. 그래서 아무것도 없는 활동지를 나눠주기도 하고, 때론 아이들끼리 충분히 이야기하게 한 뒤 활동지를 나눠주기도 한다.

"방금 모둠에서 친구들과 함께 이야기했죠? 그러면 우리 각자 한번 해볼까요? 친구들과 나눈 생각에서 내 생각을 한번 정리해 봅시다."

이처럼 아이들이 활발하게 생각을 나누고, 자신의 생각으로 정리하게 하는 것이 교사가 해야 할 중요한 일이다.

그런데 "배움의 공동체는 정리를 안 하고 끝나는 것 같아요"라고 하는 교사가 있다. 수업은 '도입, 전개, 정리' 세 단계로 보는데, 왜 정리 단계를 하는 둥 마는 둥 끝내느냐는 것이다.

아이들이 표현하는 것이 바로 정리인데, 교사들은 왜 그것은 정리가 아니라고 생각할까. 거기에는 정리만큼은 교사가 해야 한다는 생각이

깔려 있다. 적어도 정리만큼은 모든 걸 다 아는 교사가 해야 하고, 시험에 나오는 것도 넌지시 암시해야 매듭이 묶이고, 아이들에게 "내가 분명히 이야기했다" "전에 배웠잖아"라고 얘기할 수 있어서다.

그런데 선생님이 정리를 해주면 부작용이 있다. 하나는 항상 선생님이 마지막에 정리해 줄 것이라는 생각에 모둠 활동을 소홀히 할 뿐만 아니라 친구의 발표에도 귀 기울이지 않게 된다.

또 하나는 아이들이 자신들의 언어로 논리를 탐구한 것을 다시 교사의 언어로 정리하게 되면 못하는 아이들의 경우엔 선생님의 이야기가 이해하기 어려울 수 있다. 그래서 아이들의 언어로 표현하도록 하고, 그 가운데 오류와 오답이 나오거나 보충해야 할 이야기는 또 아이들의 언어로 연결시켜 주면 된다.

3

수업 디자인 I
: 교과서를 활용한 교재 연구

　교사는 교육과정에서 단원의 내용과 아이들의 흥미와 관심을 고려하여 수업을 디자인한다. 수업 디자인은 교재의 주제와 아이들의 대화와 표현에 의해 만들어지고, 수업 전·중·후를 통해서 수정되어간다.
　따라서 수업 전의 철저한 준비도 중요하지만 수업 후의 성찰에도 많은 시간을 투자해야 한다. 가설을 검증하는 수업을 하면, 사전에 힘을 많이 빼게 된다. 그러나 수업은 살아 있는 교사와 아이들이 만들어가는 살아 있는 세계이므로, 꼼꼼하게 사전에 계획을 세워도 뜻대로 되지 않는다. 그래서 지도안도 시나리오 형식이 아니라 간소하게 만들자는 것이다.

수업은 살아 있다, 디자인은 단순하게

중학교 3학년 과학 시간이었다. 수업 주제는 '일상 생활을 통해 달을 배우기'이다. 지도안에는 교사의 활동과 학생의 활동이 단계적으로 시나리오화 되어 있다.

수업 시작과 함께 교사는 지도안대로 아이들에게 강강술래 사진을 보여주고, "이 사진을 보니까 뭐가 생각납니까?" 하고 질문을 던진다. 학습자 활동은 '보름달(달)'이라고 지도안에 표시되어 있다. 강강술래는 보름날에 하니까, 보름달이라는 대답이 나올 거라고 생각한 것이다.

그런데 교사의 의도와 달리 한 아이가 "임진왜란"이라고 대답했다. 교사는 원하는 답이 아니니까 못 들은 척했다. 그러고는 일상 생활 속에서 달 모양을 많이 발견할 수 있다는 걸 알게 하려고 두 번째 질문을 던졌다.

"프랑스 빵인데 크루아상 알죠? 그걸 보면 뭐가 생각나나요?"

크루아상이 초승달을 보고 빚어낸 데서 나왔으니까 거기에서 이야기를 풀려고 한 것이다.

그런데 한 아이가 이렇게 말했다.

"달팽이가 생각나요."

이것도 선생님이 원하는 답이 아니었다. 교사가 지도안에 주제를 풀어갈 예시를 구체적으로 적어놨지만, 실제로는 두 번 다 교사가 원하는 답이 나오지를 않았다. 이처럼 수업에는 변수가 많기 때문에 구체적인 지도안은 도움이 되지 않는 경우가 많다. 아니, 오히려 지도안이 세부적일수록 수업이 망가질 확률도 높아진다.

아이가 강강술래 사진을 보고 '임진왜란'이라고 한 데는 이유가 있었다. 국사 시간에 임진왜란을 배웠는데, 그날 국사 시험에서 역사적 사건끼리 줄긋는 문제가 있었다고 한다. 그날 아이들이 '임진왜란과 강강술래'에 줄을 그었던 터라 바로 임진왜란을 연상한 것이다. 아이들의 사고가 어떻게 진행되는지 알 수 있는 장면이다. 따라서 지도안은 구체적일 필요가 없고, 단원과 간단한 흐름 정도만 넣는 게 좋다.

수업 디자인에서 가장 중요한 것은 주제이다. 그 교재에서 아이들과 무엇을 중심으로 추구할 것인가. 그 주제를 수업 과정에서 얼마나 깊이 있게 다루는가에 따라 배움의 질이 결정된다.

그 다음으로 중요한 것은 과정을 조직하는 것이다. 아무리 의미 있는 주제라도 풍부한 추구와 표현으로 조직하지 않으면 빈약한 배움이 된다. 예전에는 수업 계획이라는 말을 많이 썼는데, 수업 전에 다 결정하고 준비해 놓고 거기에 맞게 달성해 들어간다는 뜻이다. 그런데 수업을 해 보면 계획대로 되는 게 아니다. 수업은 그야말로 수업이 진행되는 과정에도 구성이 된다. 이에 대해 사토 마나부 교수가 비유한 것이 있다.

"아이가 집에서 나무 블록 가지고 노는 걸 들여다보니까 나무 블록 가지고 집 모양을 만들려고 하는데 마음에 안 드니까 어느 부분을 빼내기도 하고 또 안 되니까 다른 부분에서 겹쳐 넣기도 하면서 만들어갔다."

수업도 이처럼 진행하면서 만들어가야 한다. 지금까지 수업은 디자인이 복잡하고 양도 많았는데, 단순하게 만들면서 양을 줄이고 수준은 높여야 한다.

수업 디자인에서 단계를 나눌 때 3단계 이상이 되면 힘들고, 두세 단계가 가장 적절하다 3단계라면 홉(hop)-스텝(step)-점프(jump)로 구성한다. 홉은 무용을 하기 전에 발돋움하는 것과 같이 무엇을 할 것인가를 인지하고 준비하는 단계이다. 준비가 되면 일단 한 걸음 앞으로 나아가 홉과 스텝을 통해 알게 된 내용을 활용하고 심화시키며 점프한다. 이러한 홉-스텝-점프를 통해 기초의 공유 과제와 점프 과제를 제시하고 이를 모둠에서 함께 하도록 조직하는 것이다.

먼저 공유 과제란 기초적인 내용으로, 이번 시간에 누구나 반드시 알아야 하는 내용이다. 공유 과제는 이미 아는 아이들도 있지만 아직 이해가 되지 않은 아이들도 있다. 못하는 아이들은 대부분 이 공유 단계에서 기초를 확인하지 못해 수업을 포기해 버리는 경우가 많다. 따라서 이 단계에서부터 모둠으로 앉도록 해서 아이들이 공유 과제를 함께 배울 수 있는 관계만 만들어주어도 문제가 해결된다.

두 번째는 교과서보다 높은 수준의 도전 과제로 점프 과제를 만들어낸다. 이것을 통해 수업에서 질 높은 배움을 이뤄낸다.

점프 과제는 수업을 시작하고 15분 후에는 들어가야 한다. 기초보다 점프 과제가 더 어렵기 때문에 여기에 시간을 더 둬야 한다. 그런데 중학교 수업 시간이 45분이면, 교사들은 기초에 30분을 쓴다. 기초를 잘 다져야 점프를 할 수 있다고 생각해서다. 그러다 보니 정작 점프는 도전도 제대로 해보지 못하고 기초만 다지다 끝나는 경우가 많다.

교사의 전문성은 교재 연구의 깊이에서 나온다

교재의 선택은 수업을 만드는 중요한 열쇠가 된다. 중학교 3학년 현대문학의 흐름을 이해하는 시간이었다. 이를 위해 어떤 시와 감성으로 만날 것인가를 고민한 교사가 선택한 것은 5·18과 노래 〈아침이슬〉이었다. 젊은 선생님이었는데, 저항시를 함께 읽고 노래도 부르면서 아이들의 감성적인 반응을 기대한 것이다.

수업 초반에는 「벼」라는 시를 보고, 아이들도 재미있어 했다. 그 소재는 좋았는데, 문제는 교사의 감성과 아이들의 감성 사이에 거리가 있었다는 점이다. 선생님은 5·18이라는 역사를 뼈아프게 기억하지만, 아이들에게는 그만큼 심각한 느낌은 아니다. 시 속에서 「벼」를 이야기하면서, 아이들도 벼가 쓰러진 것을 총 맞아 죽은 것으로 이해하긴 했는데, 교사가 기대한 감성에서는 크게 벗어났다.

한 아이가 옆에 있는 친구에게 물었다.

"총은 왜 쏜다냐?"

"그러게 개기니까 총 쏴버렸겠지."

아이의 직설적인 표현에 웃음이 나왔지만 한편으로 안타까운 상황이라 웃을 수도 없었다. 감성적 전달이 이처럼 큰 차이를 가져온다. 뜻은 서로 알지만, 선생님과 아이의 가슴으로 전달되는 파장이 다른 것이다.

수업을 마무리하면서 선생님이 〈아침이슬〉을 들려주었다. 참관하는 교사들조차 숙연해졌는데, 아이들은 '이게 뭐야?' 하는 생뚱맞은 표정이었다. 선생님은 감정이입이 되어 따라 부르면서, "너희도 불러봐라" 했지만, 선생님이 던져주고자 한 역사에 대한 '내 감정'이 없는 탓에 아이들은 이해할 수도 감동할 수도 없는 표정이었다.

이러한 사례에서 알 수 있듯이 교사와 아이들 사이에는 세대 차이라는 것이 분명히 존재한다. 교사 입장에서는 이해한다 해도, 아이들이 이해하고 감동하는 것과는 다른 것이다. 그래서 교사가 아닌, 아이들이 이해하고 재미있어 하고 감동하는 내용으로 다가가는 것이 필요하다. 교사는 이 점을 많이 고민해야 한다. 바로 교재 연구의 깊이에서 교사의 전문성이 나온다고 해도 과언이 아니다.

그렇다고 수업 연구를 교재 연구로만 오해해서는 안 된다. 교재 때문에 안 되는 것 같지만, 교재도 결국 수업을 하면서 만들어가는 것이다. '교재 때문에 수업이 안 된다'라고 생각하면, 수업 연구를 중단하고 교재 연구만 하는 학교들도 생긴다. 그래서 일년 동안 교재를 개발해 놨는데, 그 다음에 또 똑같은 문제가 발생한다. 교재는 수업을 하면서 순간순간 만들어가야 하는 것이기 때문이다.

교재 연구는 생활 속에서 이루어져야 한다. 다방면에 관심을 갖고, 다양한 소재를 동원해 풀어내야 한다.

일본의 가쿠요 중학교에 우리나라 선생님들이 방문했을 때, 전 교실에서 ㄷ자 또는 4인 모둠으로 돌리고 매 시간 활동지로 배우는 걸 보고, 우리나라 선생님들이 놀라서 물었다.

"그런 활동지를 어떻게 매번 만들죠?"

가쿠요 중학교의 한 선생님이 웃으며 답변했다.

"우리는 길을 가다가도 새로운 걸 발견하거나 간판 하나도 재미있는 걸 보면 저걸 수업 어디에 써볼까 하는 생각부터 합니다."

이러한 관심과 노력이 교재에 녹아서, 아이들의 흥미를 불러일으키고 배움의 질을 높이는 결과를 가져온다. 그래서 먼저 교육과정을 이해하고 어떻게 하면 아이들의 언어로서 세상과 만나게 할 건가, 어떤 교재로 연결하고 어떤 활동으로 만들어줄 것인가, 어떤 매개체를 줄 것인가를 고민해야 한다. 그래서 교사가 많은 것을 보고 많은 것을 경험하고, 내 교과를 교과서만이 아니라 다양한 소재와 연결 지어 어떻게 녹여낼까 상상력을 발휘하는 것이 중요하다.

교과서를 활용하다

교재를 새롭게 만들어가려면 전공 지식도 중요하지만 교양 또한 풍부해야 한다. 전문가인 교사에게 전공 지식이 아닌 교양을 강조하는 이유는 교과서를 녹여내는 소재가 되기 때문이다. 교과서를 가지고 하는 수업이 아니라 교과서를 활용하는 수업을 만들기 위해서다.

지금 교과서는 너무 친절해서 아이들이 생각을 못하게 만든다. 교과서만 펴면 문제와 함께 답이 모두 제시되어 있다. 아무 생각도 할 필요가 없을 정도다. 그래서 '아이들이 생각하도록 하려면 어느 부분을 없앨까'를 고민하고 정리하면 된다.

그런데 활동지의 개념을 교사가 요약 정리해 주는 걸로 착각하는 경우가 있고, 교과서를 요약해서 주는 형태가 되기도 한다. 그래서 처음 활동지를 만들면 대체로 양이 많다. 서너 장 혹은 다섯 장까지 이어져서 내용이 빽빽하다. 또 활동은 안 보이고 대여섯 줄의 긴 설명 밑에 괄호 하나 들어가는 구성으로, 서술이 많다.

수업 시간에 교사의 말을 줄이라고 하니까, 말을 안 하는 대신 하고 싶은 말을 활동지에 다 적기도 한다. '이것 하다가 이해가 안 되는 사람은 요것을 한번 보세요'까지 적어놓는다.

교사는 그런 걱정을 할 필요가 없다. 모둠 안에 친구 3명이 옆에 있고, 다른 모둠도 있으니까, 혼자 하다 힘들면 도움을 받으면 된다. 서로 배우는 관계를 만들어주면 되는데, 교사가 활동지에 글로 다 적어버리니까 아이들이 그 안에 머물러버리는 것이다. 그리고 읽는 걸 싫어하는 아이들은 활동지를 읽는 것만으로도 질려버린다.

공부 잘하는 아이들은 활동지에 집중하고 일찍 혼자 다 해버린다. 그러고는 다른 친구들에게 베끼라고 넘겨줘 버린다. 그러면 협동이 이뤄질 리 없다. 그래서 요즘 활동지 유형으로 잘 나오는 것이 백지를 주는 것이다. 말하고 싶은 것을 활동지에 다 적어서는 안 된다는 것을 알고, 아무 것도 써놓지 않고 나중에 문제를 주는 것이다.

활동지를 잘 만들기 위해선 무엇보다 교육과정을 정확하게 파악하고 있어야 한다. 교사들이 수업에서 가르쳐야 할 것은 교육과정이지 교과서가 아니기 때문이다.

교육과정에서 주제를 풀어낼 수 있는 실마리가 되는 제재, 소재를 활동에 담아낼 때, 어떤 방식으로 할 것인가는 다양하다. 반복해서 읽도록 만들 수도 있고 관찰하는 활동이 될 수도 있다.

중요한 것은 아이들이 질문을 찾아낼 수 있는 교재를 만들어야 한다. 아이들이 질문, 과제를 보고 자기들끼리 생각하면서 문제를 해결해 가는 수업을 하자는 것이다.

요즘 아이들은 생각하는 걸 싫어한다. 수학 시간에 굉장히 어려운 문제도 공식을 주면서 풀라고 하면 귀신같이 푼다. 그런데 서술로 이야기를 읽어보고 질문을 만들어보라고 하면 짜증을 낸다. 그만큼 읽는 걸 싫어하는데, 읽고 나서 생각을 해야 된다는 것이 싫은 것이다. 따라서 아이들끼리 생각하고 풀어낼 수 있는 시간을 많이 주고, 교사가 설명하던 것을 아이들의 활동으로 돌려서 구성하도록 한다.

진도에 대한 딜레마, 양이 아닌 질로 해결하다

"수업을 하다 보면 시간이 많이 가서 진도 빼기가 힘듭니다. 이 단원에서 읽어야 할 것이 3개나 나오는데 이걸 다 어떻게 다룰까요? 선생님들이 논의 끝에 하나를 빼버리고 2개만 가지고 하든지, 한 편만 집중적으로 하자는 의견이 나왔는데 어떻게 하는 게 좋을지요."

교사들이 많이 하는 고민 중에 하나가 진도 문제다. 아이들에게 모둠 활동 시간을 주다 보니 진도 나갈 시간이 부족하다는 것이다. 그러나 이것은 양을 줄이고 깊이 있게 배우도록 하면 해결되는데, 지금까지 질보다는 양으로 반복하는 수업을 하던 습관 때문에 불안해하는 것이다. 교과서의 1페이지도 빠뜨리지 않고 가르쳐야 마음이 놓이는 것이다.

그러나 이제는 양을 줄이고 수준을 높여야 한다. 가령 교과서에 있는 시편도 마음에 안 들면 더 주제에 맞는 시를 가져오는 것이다. 시를 이해하면 그 내용은 다 연결이 된다. 그런데 우리는 '여기에서 시험에 나온다, 안 나온다' 하는 것만 문제 삼는다. 시험에 나오는 부분을 오늘 하지 않으면, 안 배운 게 돼버리니까, 여기에서 갈등하는 것이다.

원론적으로 말하자면, 이것은 시험이 아주 잘못돼 있는 것이다. 어떻게 시험을 배운 데서 낸다는 말을 할 수 있는가. 그것은 문제를 알려주는 것인데, 다른 나라에서는 'EBS 교재에서 시험이 몇 퍼센트 나온다'는 말을 듣고 도무지 이해할 수 없는 일이라고들 한다. 입시의 출제를 그처럼 공개적으로 알려주는 게 말이 안 된다는 것이다.

단지 원론에서만이 아니라, 실제 입시에서도 교과서에 나오는 내용만으로 시험을 치르지는 않는다. 따라서 수업에서도 결국은 배움의 질을 가지고 이야기해야 한다. 교육과정에서 '현대시에 대한 이해'를 배운다고 되어 있으면 현대시를 배우고 그 의미를 이해하면 되는 것이지 반드시 교과서에 나오는 시만 배워야 할 이유는 없다. 국어의 경우 교과서만 20여 종에 이르지 않는가.

중학교 2학년 국어 시간 중 합성어를 배우는 수업에서 일어난 일이다. 수업 목표는 '합성어를 이해할 수 있다'이다. 교사는 우선 합성어의 개념과 종류에 대한 설명으로 모든 아이가 기초를 공유하도록 했다. 그러고는 바로 점프 과제를 제시하기 전에 이렇게 덧붙였다.

"오늘 우리가 합성어를 배우는 목적은 합성어인지 아닌지를 구별하기 위한 것이 아니라 합성어를 통해서 우리말의 다양한 표현과 그 깊은 의미를 알아보는 겁니다."

그리고 교사는 교과서에도 없는 권정생의 시 「산딸기」를 한 장씩 나눠주었다. 몇 줄 안 되는 짧은 시이지만 그 속에는 '냠냠' '호물호물'과 같은 의성어를 비롯하여 재미있는 표현이 다양하다.

교과서에 안 나오는 내용이니까 아이들이 대뜸 하는 말이 "시험에 나옵니까?"였다. 그러고는 받자마자 "산 플러스 딸기다, 동그라미 쳐라" 하면서 줄긋고 동그라미 치기 바빴다. 내용을 제대로 읽어보지도 않았다. 선생님의 의도와 달리 아이들은 글 속에서 합성어의 의미를 찾는 것에 실패했다. 시험에 민감한 아이들의 정서를 엿볼 수 있는 장면이다.

그러나 합성어 문제로 종류를 찾아내고 합성어의 개념을 이해하는 것과 우리말 우리 글의 맥락 속에서 파악하고 음미하는 것 중에서 어떤 것이 더 질 높은 배움인가. 어떤 것이 더 잘 배우는 것이고, 시험을 본다 해도 누가 더 잘 보겠는가.

단순히 외운 지식은 시간이 지나면 기억에서 흐려지고 결국 잊히고 만다. 파편적인 지식이기 때문이다. 그러나 시를 맥락 안에서 이해하면, 「산딸기」가 아니라 그 어떤 시가 오더라도 의미를 찾을 수 있다. 그것이 바로 살아 있는 배움이다.

학원에서는 합성어다, 아니다만 가르친다. 하지만 전체를 이해하고 맥락을 파악할 줄 알면, 어떤 시와 소설 속에서도 합성어의 의미와 느낌을 알 수 있다. 결국 교과를 배우는 데에서 그치는 단편적인 지식이 아니라 문학적 깊이와도 만나는 질 높은 배움을 얻을 수 있는 것이다.

지금까지 전통적인 학교 교육에서 단원은 '목표, 달성, 평가'의 단위로 조직되어왔다. 교육 내용의 목표를 구체적으로 정하고, 그 목표를 효율적으로 달성할 수 있는 활동을 수업 과정으로 조직하여 그 달성도를 목표에 비추어 시험으로 평가하는 방식이다.

'목표, 달성, 평가'를 단위로 하는 단원은 '계단형' 교육과정을 구성하고 다량의 지식이나 기능을 효율적으로 가르치게 했다. 그러나 그 폐해도 명백하다. 계단형 교육과정에서 배움의 경험은 아주 작고 획일적이며 평가는 간단하지만 일원적이다.

앞으로 교육과정에서 단원은 '주제, 탐구, 표현'을 단위로 하는 '등산형' 교육과정으로 디자인할 필요가 있다. 교육 내용의 핵심이 되는 주제를 설정하고 아이들이 다양한 접근으로 활동적, 협동적으로 탐구 활동을 전개하고 그 성과를 표현하며 서로 공유하는 배움을 창조하는 것이다.

계단형 교육과정이란 계단을 밟아 오르듯이 배움이 단계적으로 사전 계획에 따라 한 단계가 끝나야 또 다음 단계로 나아가는 것으로 인식한다. 하지만 아이들의 배움은 등산을 하듯이 다양한 길을 선택하여 배움에 이를 수 있다.

배움을 중심으로 하는 교육과정 만들기는 실천적으로 말하면 교육과정의 단원을 '주제, 탐구, 표현'의 양식으로 디자인하고, '활동, 협동, 표현하는 배움'을 교실에 실현하는 도전인 것이다.

도전 과제로 배움의 점핑

교실에서 3분의 1은 이미 다 아는 아이들, 그리고 3분의 1은 반은 알고 반은 모르는 아이들, 나머지 3분의 1은 알았다고 대답은 하지만 알지 못하는 아이들이다. 교과서도 그 정도의 수준으로 만들어져 있다.

그 정도 수준으로 계속 수업을 해가면 대다수의 아이들은 모르고, 3분의 1의 아이들은 이미 알고 있는 것을 반복하는 수업이 계속된다. 이런 수업에서 배움이 성립되었다고 할 수 있을까.

배움이 성립되었다고 하더라도 그것은 몇 명에 국한된다. 이미 알고 있었던 아이들은 아는 것을 다시 확인하는 것밖에 되지 않는다. 그리고 몰랐던 아이들은 아는 것 같지만 다시 보면 전혀 모르는 상태다.

유일하게 배움이 성립된 것은 중간층의 3분의 1인데, 그 중에서도 반 정도만 몰랐다가 알게 된 아이들일 것이다. 그렇다면 모든 아이에게 배움이 성립되게 하려면 어떻게 해야 할까.

첫째, 수준을 높이는 것이다. 즉 교과서보다 높은 수준을 설정하는 것이다. 그러면 교사들은 "제일 밑에 있는 3분의 1의 아이들은 어떻게 됩니까?"라고 반론을 제기할 것이다. 이에 대한 대답은 수준을 올리는 것과 "모르겠다"는 아이들의 목소리를 교사가 담아내는 데 있다고 하겠다. 즉 가장 높은 수준의 아이들과 가장 낮은 수준의 아이들을 함께 담아갈 수 있는 수업이 필요한데, 이것은 교사의 힘만으로는 해결하기 어렵다.

공부를 잘 못하는 아이들일수록 다른 사람에게 물어보려고 하지 않고 어떻게든 자기가 해결하려고 한다. 지혜를 발휘하여 다른 방법으로 해결하려 하지 않고 열심히 암기하거나 같은 것을 몇 번이고 반복하려 한다. 여기에서 중요한 것은 못하는 아이가 옆의 친구에게 "이거 어떻게

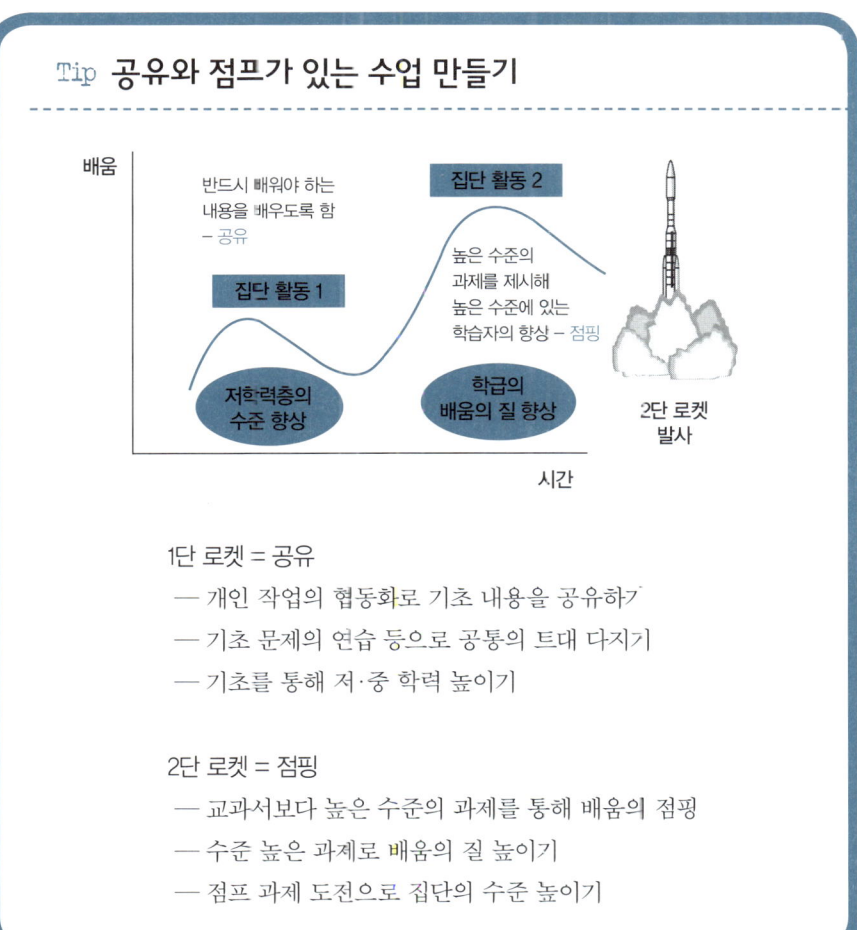

Tip **공유와 점프가 있는 수업 만들기**

1단 로켓 = 공유
— 개인 작업의 협동화로 기초 내용을 공유하기
— 기초 문제의 연습 등으로 공통의 토대 다지기
— 기초를 통해 저·중 학력 높이기

2단 로켓 = 점프
— 교과서보다 높은 수준의 과제를 통해 배움의 점프
— 수준 높은 과제로 배움의 질 높이기
— 점프 과제 도전으로 집단의 수준 높이기

하는 거야?"라고 물어보게 하는 것이다.

두 번째, 도약하는, 즉 점프할 수 있는 과제를 포함시키는 것이다. 혼자 힘으로는 풀 수 없는 과제를 넣어서, 협동적인 배움을 통해 한 명도 빠짐없이 배움에 도달할 수 있게 된다.

우리 수업의 문제는 쉬운 것을 몇 번이고 반복하게 하는 것에 있다. 쉬운 것을 몇 번이고 반복적으로 하는 교사들은 이렇게 이야기한다.

"그래도 모르는 아이들이 있으니 어쩔 수 없잖아요?"

하지만 못하는 아이들일수록 쉬운 것을 반복하는 수업을 싫어하고, 도전할 수 있는 배움을 좋아한다. 그리고 주목할 것은 점프 과제를 통해서 기초를 다시 배울 수 있다는 점이다.

일본 중학교 1학년 수학의 공간도형 단원에서 입체의 부피를 구하는 시간이다. 오늘의 목표는 회전체의 부피를 구하고 나아가 정육면체에 접한 정팔면체의 부피를 구하는 것이다.

우선 교사는 ℓ을 축으로 위의 삼각형을 한 번 회전시키면 어떤 삼각형이 될지 자유롭게 그려보게 한 후 이 입체의 면적을 구하게 한다. 여기에서 포인트는 삼각형의 한가운데에서 반으로 잘라 상하 원추의 부피를 생각하면 쉽게 접근할 수 있다. 하지만 30퍼센트의 아이들은 전혀 이해를 못하고 있었다.

그런데 교사는 연이어 두 번째 점프 과제를 던졌다. 이번에는 한 변의 길이가 6센티미터인 정육면체에 접한 정팔면체의 부피를 구하는 문제이다.

교사는 아이들에게 정육면체와 정팔면체의 모형을 주었다. 그리고 이를 조작해 보면서 해결하도록 한다. 기초 문제를 못 풀고 끙끙거리던 히로야스는 계속 모형만 만지작거리면서 마사아키의 노트를 눈여겨본다.

입체의 부피   반   이름

기초

아래와 같은 도형을 직선 ℓ을 축으로 1회전 시켰을 때 생기는 입체에 대해서 다음 질문에 답하시오.

(1) 예상되는 그림을 자유롭게 그려보세요.

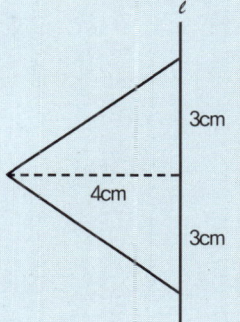

(2) 이 입체의 면적을 구하시오.

점프

옆의 그림은 한 변의 길이가 6cm인 정육면체의 내측에 정팔면체가 꽉 끼어 있는 (전문용어로 '쌍대'라 함) 모습을 보여주고 있다.

(문제) 이 정팔면체의 부피를 구하시오.

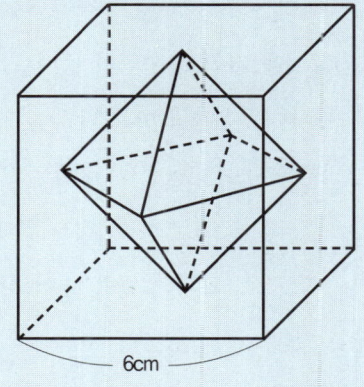

그러고는 "이거 어떻게 하지?"라고 질문한다. 그러자 마사아키가 정팔면체의 가운데를 반으로 잘라보라고 한다.

히로야스는 자신이 가지고 있던 모형물을 이리저리 떼어보더니 "아하! 이거구나!"라며 나지막하게 탄성을 질렀다. 그러고는 위의 기초 문제로 돌아가 원추의 부피로 문제를 해결했다.

이렇게 점프 과제는 잘하는 아이만이 아니라 못하는 아이에게도 활용을 통해 기초를 배우게 하는 위력을 발휘한다. 물론 친구가 곁에 있어 가능한 일이다.

교과의 벽 허물기

중학교 과정에서 교과에 갇혀 단순히 암기하는 차원을 답습하면 아이들의 사고가 점프하기 어렵다. 아이의 다양한 가능성을 발견하고 북돋우려면, 교과의 벽을 허물고 서로 만나야 한다. 따라서 같은 교과 교사들끼리만 만날 것이 아니라, 다른 교과 수업을 보면서 아이디어를 찾고, 그것을 다양한 수업의 형태로 만들어내야 한다. 수업이 새롭게 창조되면, 아이들은 신선한 자극을 받고 능동적인 배움이 이뤄진다.

21세기 학교 교육은 프로젝트 형 교육과정과 협동적인 배움으로 수업을 만들어가고 있다. 그래서 지금 교육 선진국의 수업 형태는 통합 프로젝트 형으로, 교과의 벽을 넘어 상상력과 창의력을 넓히는 수업을 진행하고 있다.

최근 우리나라에서도 융합 교육과 스팀(STEAM: Science, Technology, Engineering, Art, Mathematics) 교육을 통한 교과통합 수업에 대한 관심

이 높아지고 있다.

한 예로 경기도 시흥시의 장곡 중학교에서는 3학년 학생들을 대상으로 '흙속에 담긴 낯선 기억을 찾아서'라는 주제로 5개월간에 걸쳐 교과 통합 프로젝트를 진행한 바 있다. 이 교과통합 프로젝트는 국사, 미술, 국어, 사회의 4교과 교사들이 모여 기획한 것이다.

이 프로젝트는 교사들끼리 수업에 대해 이야기하다 만들게 되었다고 하는데, 수업에서 아이들의 참여가 무척이나 활발했다.

다음은 미술과 지도안에 나오는 설명을 요약 정리한 것이다.

요즘 학생들은 역사란 나와 상관없는 이야기, 시험을 위한 지식으로만 알고 있다. 그래서 국사, 미술, 국어, 사회 교사들이 모여 기획을 했다. 예술과 역사와 문학, 과거와 현재, 미래를 자유롭게 넘나들며 상상력, 창의력을 발휘하길 바랐다.

국사 선생님과 긴밀하게 협력하여 서해문화재 연구원과 함께 외부 체험을 기획했다. 군프에 있는 실제 발굴 현장을 둘러보고 모의 발굴 터에서 토기, 기와들을 실제 발굴, 세척, 접합을 해보았다. 그곳에서 나온 기와들을 측정하여 기록하고 탁본하는 방법도 배웠다.

이 발굴 현장은 도로 공사가 진행될 예정인 곳으로 일주일간 우리 학교 학생의 발굴 체험 조사가 끝나면 바로 도로 공사를 시작하기로 한 곳이다. 조선시대, 고려시대의 가마터와 집터가 동시에 나온 곳이기도 하면서 돌보지 않은 묘지가 함께 들어서 있는 발굴 현장, 또 그 위에 즈만간 도로가 들어서고 차들이 달리게 될 이 현장은 학생들에게 많은 상상을 하게 만들었다.

"지금 우리가 밟고 서 있는 곳, 내가 살고 있는 터가 과거 누군가의 삶의 터였을 수도 있겠구나"라는 대화들이 오고갔고 "도로가 생기면 여기서 고려시대에 누가 살았다는 건 잊히겠네요"라며 과거의 누군가에 대해 생각했다. 교실 안에서 지식으로만 배우던 역사, 먼 이야기이던 역사를 아이들은 직접 체험하고 역사가 이루어지는 과정을 느낄 수 있었다.

오전의 외부 체험을 끝내고 오후에 학교로 돌아와 교내 활동을 시작했다. 국사 시간에 배운 역사적인 사건이나 인물을 토대로 자신만의 설화를 쓴 후, 그 설화 속에 나오는 증거물, 예를 들어 신석기시대의 빗살무늬 토기, 세종대왕이 쓰던 밥그릇, 신사임당이 아들에게 주기 위해 만든 토우 등을 제작했다.

작가적인 상상력을 발휘하여 글을 쓰는 과정이었고, 그 설화 속에 나오는 유물을 흙으로 제작을 했다. 제작한 유물은 건조 후, 학교 화단에 땅을 파고 묻는 작업을 진행했다. 땅과 만날 일이 없는 아이들이 이 시간을 통해 흙을 만져보고 땅을 파다 나온 지렁이도 보고, 개미도 보며 땀을 흘렸다.

아이들은 이후 유물이 묻혀 있는 곳을 알려주는 보물지도를 제작한다. 이미 모둠별로 본인들이 원하는 재료들을 이용해 고지도의 느낌이 나도록 장지를 염색하는 과정을 진행했고, 미술 수업에서 자신들만의 보물지도를 그리게 된다.

옛 지도는 아이들에게 많은 상상력을 불러일으킬 수 있는 소재이다. 지도에는 그것을 만든 사람들이 뿌리내려 살아온 고장의 산줄기 물줄기, 그들이 일구어 만든 고을과 마을이 표현되어 있다. 그리고 그들은 다시 그 지도를 통해서 자신들이 사는 세상을 이해한다. 이 때문에 오늘날 우리는 선인들이 만든 지도를 통해 그 시대 사람들의 삶과 생각을 접할 수 있다. 옛 지도는 과거와 현재를 이어주는 중요한 역사 자료인 것이다.

특히 우리나라는 중국이나 일본 등 동아시아 여러 나라와 달리 회화 같은 매우 아름다운 지도를 만들었는데 지도라는 보편적 매체에 한국의 특수성이 가미된 것이다. 결국 우리 옛 지도의 의미와 가치를 밝히는 일은 우리 역사와 문화를 살피는 과정이기도 하다.

2학기가 시작되면 아이들은 묻힌 유물을 직접 발굴할 예정이다. 물론 자기가 묻은 곳을 아무리 파도 나오지 않는 작품도 있고, 가루처럼 부서진 작품도 있을 것이다. 아이들은 실망하겠지만 이것도 배움이라 생각한다. 역사 속에서 유실되는 유물들도 있고 잊히는 유물도 있는 것이다.

전체 프로젝트 과정이 끝나면 소설, 보고서, 인터뷰, 포트폴리오, UCC 형식 등 자유롭게 선택하여 프로젝트 체험기를 작성할 예정이다. 이것도 글, 그림, 사진, 영상 등이 결합된 통합적 과제로 진행이 된다.

이와 같은 통합 프로젝트 수업은 수업연구회나 교내 연수 등을 통해 교사들 간의 협의와 토론으로 다양하게 만들 수 있다.

4

수업 디자인 Ⅱ
: 활동, 협동, 표현하는 배움으로

　수업 진행이 잘 안 되거나 3분의 1 정도가 자버리는 교실의 경우 사토 마나부 교수가 권하는 방법이 있다. 바로 수업 시작에 문제, 과제로 빨리 들어가라는 것이다.

　"학력이 낮고 잘 따라오지 못하는 아이들이 집중을 어느 정도 할 수 있는가, 초시계를 가지고 재봤다. 그런데 공부를 못하는 아이도 수업의 제일 첫 순간에는 기대를 한다는 걸 알 수 있었다. 매일매일 모르는 얘기를 들을지라도 수업 첫 순간엔 기대를 가지고 있다. 이것은 초·중·고 상관이 없었다. 처음부터 자는 아이, 처음부터 말 안 듣는 아이, 처음부터 울고 있는 아이는 없다. 그래서 수업은 첫 순간이 중요하다.

초시계로 재보니까- 가장 집중력이 짧은 아이는 3분이었다. 7분이 지나니까 3분의 1이 엎드려 있었다. 그런데 7분 이내에 과제를 제시하니까, 아이들이 모두 일어나서 참가했다."

사토 마나부 교수의 지적이다. 이처럼 수업에서 가장 중요한 부분이 시작이다. 교육이론 책에도 수업의 도입 단계에서 '목표 제시와 전시학습 확인, 주의 집중' 등 여러 가지 활동을 하라고 한다. 배움의 공동체에서도 도입 단계, 시작이 가장 중요하다고 본다. 그러나 다른 점이라면, 시작에서 배움과 상관없는 이야기로 동기유발 하려 하지 말고 가장 중요한 내용으로 바로 들어가자는 것이다.

수업 시작에 주제를 던진다

배움의 공동체에서 시작에 의미를 두는 이유는, 시작이 잘못되면 협동을 만들어낼 수가 없어서다. 시작에서 틀어져버리면 교사가 처음부터 끝까지 진행하는 수밖에 없다.

결국 시작에 아이들의 배움을 끌어내느냐 아니냐에 성패가 걸린다. 그래서 교사는 수업 시작 때 분위기를 흐트러뜨리지 않도록 주의해야 한다. 어느 공개 수업 때 수업을 시작하면서 선생님이 이렇게 말했다.

"오늘 교실이 아니고 이런 데서 수업을 하니까 이상하죠?"

"아니오, 괜찮아요."

아이들의 대답에 선생님은 또 이렇게 말했다.

"나만 이상한가?"

아이들은 선생님이 들어오고 이미 수업이 시작되었기 때문에 이제 뭘 할 건가 집중하고 있었다. 그런데 선생님이 갑자기 옆에 카메라를 보면서 "여러분, 장소가 바뀌니까 긴장되죠, 이상하죠?" 하니까 그때부터 아이들이 주변에 누가 와 있는가를 보기 시작하면서 어수선해졌다. 교사가 화제를 끄집어내면 그게 아이들에게는 새삼스레 화제가 되기 때문이다.

어수선한 상황을 만들지 않고, 협동으로 들어가려면 "오늘 과제가 뭐지?" 하면서 아이들이 난처할 정도로 과제에서 제일 중요한 대목을 바로 던져내는 것이 좋다.

한 초등학교 수업에서 비례배분을 가르치려고 공깃돌 한 박스를 준비했다. 선생님은 수업을 시작하면서 이것을 짝하고 나누도록 했다. 그런데 선생님이 처음에 재미있게 동기유발 한다고 던진 질문이 다음과 같았다.

"여러분, 우리나라의 전통 놀이가 어떤 게 있습니까?"

그 순간 나는 깜짝 놀랐다. '수학의 비례배분을 하는데 전통 놀이를 통해 어떻게 들어가지?' 그러자 아이들 대답이 씨름, 제기, 그네 등 온갖 게 나왔다. 그런데 선생님이 준비해 온 공기는 안 나오자, 선생님이 말을 이었다.

"여러분이 여러 가지 이야기를 했는데 선생님은 다른 거 아는 게 있어요. 바로 공기예요. 요즘 밖에 나가서 못 노는 애들이 많잖아요. 서울은 특히 운동장이 없는 학교도 있습니다. 운동장이 없어서 공기를 가지고 남자아이 여자아이 함께 앉아서 놀거든요."

선생님이 이렇게 말을 던지니까, 순식간에 분위기는 공기놀이로 흘러가서 아이들은 공기놀이 할 생각만 했다. 그때 선생님이 "짝하고 나눠보세요. 어떻게 나눌 수 있는지" 하고 말한 뒤 "이 공기놀이를 하고 나서 이긴 사람에게 딴 만큼 공기를 주겠습니다"라고 했다.

그런데 아이들이 가만히 보니까 공기가 열 개면 열 개고 다섯 개면 다섯 개를 제대로 가져야 공기놀이를 하는데, 딴 만큼 준다고 하니까 어떻게 해야 할지 알 수가 없었다. 아이들이 비례배분을 할 생각은 안 하고 5분 동안 전통 놀이 이야기를 하고는 "그냥 한 사람에게 몰아주는 방식을 써요"라는 등 의견이 분분했다.

원래 선생님은 비례배분을 하려고 도구로 공깃돌을 가지고 왔는데, 아이들은 공기알을 누가 많이 가질 건가에만 관심을 가진 것이다.

그 다음에 선생님은 두 번째 점프 과제로, 얼마 전 학교에서 열린 바자회에서 나온 수익금을 기부하는 문제를 냈다. 그런데 아이들이 주제로 들어가지를 못했다. 계속 공기놀이 얘기만 하느라 집중이 안 되었기 때문이다.

바로 주제로 들어가면 되는데, 재미있게 한다고 전통 놀이를 서두에 가져오는 바람에 수업의 흐름이 선생님의 생각과 달라져버렸다. 아이들은 공깃돌을 전통 놀이 개념으로 만났는데, 선생님이 갑자기 비례배분으로 연결시키니까 아이들은 연결이 되지 않은 것이다. 이런 경우는 어떻게 시작하면 좋을까?

"오늘 비례배분을 하는 데 공깃돌을 가져왔습니다. 이걸 가지고 비례배분을 어떻게 하면 좋을까 친구와 함께 생각해 보세요."

이처럼 선생님이 과제를 던져놓고, 아이들이 잘 이해하지 못하면 되돌리면 된다. 수업은 시작이 가장 중요하기 때문에 일단 주제를 던져서 아이들이 무엇을 배울 것인가, 과제에 집중할 수 있도록 하는 것이 좋다.

아이들의 활동이 구체적인 사물, 현실세계와 만나다

수업 시간의 활동은 교사의 활동이 아니라 아이들의 활동이다. 아이들이 보고 듣고 탐구하고 고민하고 문제 풀고, 문제 푼 것을 이야기하는 활동적인 배움으로 만들어내야 한다. 즉 교사가 목표를 주고 아이들이 달성하도록 하는 게 아니라, 아이들 스스로 질문을 찾고 표현하고 탐구하며 문제를 해결해 가면서 답을 찾아가는 것이다.

그러기 위해서는 눈으로 확인할 수 있는 평가 가능한 목표만을 제시하기보다는 발전적인 주제를 선정해 내는 일이 중요하다. 그리고 이때 사건, 사물, 현실세계를 통해서 주제를 탐구하도록 연결하는 일이 필요하다.

중학교 도덕 시간에 도덕 판단에 대한 이야기를 배우고 있었다. 도덕 판단에 관해 여러 학자의 이야기를 한 뒤, 내가 겪었던 갈등의 근본적인 원인이 어디에 있었는지 가치 판단 갈등에 대한 이야기를 했다.

선생님이 아이들에게 질문을 던졌다.

"최근에 다른 사람과 갈등을 일으켰던 일이 있으면 어떤 일이 있었는지, 그 일에 대해서 한번 이야기를 해봅시다."

선생님이 그 질문을 할 때 내심 '중학교 2학년들이 갈등이 일어난 상황들을 솔직하게 이야기할까?' 하는 생각을 했다. 그리고 실제로 아이들이 거의 다 적지를 않아서 아이들이 자신의 내면적인 갈등을 드러내기 싫어하는구나, 여겼다. 그런데 한 아이가 손을 들고 자신이 쓴 것을 발표했는데, 갈등에 대한 소재로 엄마와 싸웠던 얘기를 들려주었다.

그 이야기는 이랬다. 아이가 요즘 유행하는 스타일에 맞춰 바지통을 줄이려고 엄마에게 수선집에 맡겨달라고 했다. 그러자 엄마가 "그걸 왜 돈 주고 맡겨. 엄마가 줄여줄게"라고 했는데, 이것이 문제의 발단이었다.

아이가 다음날 아침에 학교 갈 때 입으려고 보니까 바지통이 그대로였다. 새 바지를 입고 폼 잡고 학교 갈 생각에 들떠 있다가 고쳐놓지 않은 바지를 보자 화가 났다. 결국 옷도 집어던지고 엄마랑 대판 싸우고 왔다는 것이다.

그 아이가 갈등에 관해서 결론으로 "바지통 줄이는 게 뭐 그리 대단한 거라고, 아침부터 상을 놓고 엄마랑 대판 싸우고 나온 거 너무 부끄럽고 죄송하다. 오늘 가서 사과해야겠다"라고 말했다.

그런데 그 이야기를 듣고 다른 아이들이 술렁였다. 아이들이 갈등에 관해 쓰지 않은 것이 자신의 감정을 솔직하게 드러내기 싫어서라고 생각했는데, 아이들이 의외의 말을 했다.

"선생님, 저런 게 갈등입니까? 선생님께서 하라는 게 저런 겁니까?"

그 말을 듣고 깜짝 놀랐다. 아이들에게 근본적인 문제가 전달이 안 되었을 뿐이지, 아이들이 자신의 갈등 상황을 솔직하게 달하지 않으려고 한 게 아니었던 것이다.

흔히 학교에서 배우는 지식과 내 생활은 별개라고 생각한다. 그래서 아이들은 지식과 내 삶 사이에는 벽이 있다고 느낀다. 지금까지 추상적인 세계, 나하고 상관없는 세계의 이야기들만 배우고 이야기했기 때문이다. 그래서 갈등 상황에 대해서도 자신의 생활이 아닌 추상적인 관념을 떠올리다 보니 잘 풀리지가 않았던 것이다.

그러나 자기 주변에 일어나는 일들과 연결시켜 들어가면, 아이들은 쉽게 생각을 떠올리고 자기를 성찰하면서 자기 자신과도 대화할 수 있게 된다.

흔히 학교에서 체험학습은 경험에 의한 배움, 교과 학습은 지식에 의

한 배움으로 이분해서 이해한다. 그러다보면 체험학습은 활동주의와 체험주의에 빠지고 교과 학습은 지식주의와 기능주의에 빠진다. 따라서 체험학습도 교과 학습도 배움을 실현하는 과정이란 인식이 필요하다. 그러자면 수업에서 주변의 사물을 만나게 하고, 구체물을 만져보고, 체험하도록 조직하는 게 좋다. 이는 수업 소재(텍스트)와 다양하게 만남으로써 해보고 싶다는 동기(학습 의욕, 필연성)를 높이기 위한 것이다.

아주 작은 사물 하나가 아이들에게 배울 필요성을 느끼게 하고 배울 의욕을 끄집어낸다. 수학에서는 블록 등 반구체물을 종종 사용하는데, 이것들을 조작하면서 답을 찾아낼 수도 있고, 자신의 생각을 설명하는 도구로서도 활용할 수 있다. 아이들의 배움은 논리적(이론)인 영역에서만 일어나는 게 아니라 조작 활동(체험)을 통해서도 일어나기 때문이다.

교과를 나눠서 배우지만 그 지식을 가지고 마지막에 만나는 것은 결국 나를 찾고 세상을 만나는 것이다. 그래서 마지막 점프 과제에서는 세상과 만나도록 다양한 사건이나 현실과 연결시킨다. 파편적인 지식이 아니라 그것을 연결시키고, 나를 성찰할 수 있고 내가 세상과 만날 수 있도록 활동과 연결 짓자는 것이다.

친구와 활동하고 표현을 공유하다

"모둠 학습을 하니까 오히려 아이들이 공부는 안 하고 더 시끄럽고 장난만 칩니다."

이럴 때는 아이들이 왜 장난치는지 우선 과제의 수준부터 분석해야 된다. 학습 과제가 이미 들었거나 아는 내용이어서 아이들이 떠드는 경우가 많다. 혼자 할 수 있는 것은 혼자 하게 하고, 모르는 내용은 처음부터 4명이 협동하도록 한다.

교사들이 과제를 내주면서, 각자 생각할 시간을 주고 그 다음에 모둠학습을 하는 경우가 많다. 자기 생각을 먼저 정리해야 모둠에서 얘기할 것도 있다고 생각해서다. 그러나 이때 못하는 아이는 주어진 시간 동안 할 수 있는 게 없어서 과제에 대한 흥미를 잃고 수업에서 떨어져 나간다.

어느 중학교 수업 시간에 들어갔을 때, 선생님이 활동지를 잘 만들어서 아이들에게 주고는 "어떻게 풀면 될지 각자 생각해 보자"고 했다. 한 아이가 혼자 생각해 보다 도저히 모르겠는지 옆 친구를 훔쳐보았다. 그런데 옆의 아이도 모르는 것 같았다. 그런데 뒷자리 아이는 뭔가 하고 있는 것 같아서 물어보았다.

"넌 알아? 어떻게 하라는 거긴데?"

그 순간을 선생님이 목격했다.

"야, 바로 앉아라. 너 지금 뭐하는 거야."

"선생님이 이거 어떻게 풀면 되는지 생각해 보라고 해서 좀 물어봤는데요."

"내가 생각해 보라고 했지 언제 말하라고 했어?"

그러니까 아이는 할 말이 없었다. 선생님은 생각만 해보라고 했다니까 말이다.

이제는 '생각만 해보라'가 아니라 어떻게 하고 있는가를 서로 물어보고 같이 배워보라고 해줘야 한다.

교실에서의 배움은 공동체적인 실천이다. 세상에서 나 혼자 해야 하는 배움은 독서와 시험뿐이다 그 외에는 다 함께 하도록 허용해야 하고,

표현을 공유하도록 해야 한다.

흔히 미술이나 음악은 개별적인 교과라고 여겨서 모둠 활동이 필요 없다고 생각한다. 가령 오카리나는 나 혼자 열심히 기능을 익혀야 하니까 친구가 무슨 도움이 될까 생각할 수 있다. 하지만 아니다. 사람이 모여 있을 때는 배움의 시선이 가게 된다.

중학교 오카리나 수업에서 4명이 모둠으로 모여 연주를 했다. 각자 연주를 하다가 잘 안 되는 아이가 다른 3명을 보면서 문제를 해결했다. 고등학교 기타 수업에서도 그런 상황을 확인할 수 있었다. 모둠에서 각자 연주하는데, 하다가 안 되니까 옆에 있던 친구에게 "너는 내 소리랑 다르네. 한 번 더 해볼래?" 했다. 그러니까 다른 아이들도 함께 그 연주를 귀 기울여 듣는 장면이 있었다.

미술도 마찬가지다. 내 작품을 그리다 표현이 막막할 때 다른 친구가 하는 걸 보게 된다.

"네 색깔이 참 멋지네. 그 색깔 어떻게 냈어?"

이처럼 친구를 칭찬해주는 게 협동이고, 자연스럽게 친구를 통해 알게 되는 것이 협동하는 배움이다.

모둠 활동을 구성하면 친구와 소통하는 배움에 참가하기 쉬워진다. 그래서 친구와 서로 이야기하는 일이 배우는 즐거움으로 이어지기도 한다. 협동적인 배움의 목표는 다음과 같다.

- 친구와 협동하여 서로 함께 성장하기
- 친구의 아이디어를 자신의 사고의 도구로 삼기
- 개인의 발상을 친구와 지혜를 모아 함께 생각하기

- 다른 사람의 생각을 통해 자신의 생각을 발전시키기

배움의 공동체에서 모둠을 만드는 것은 잘 배우고 점프하는 것만이 아니다. 그 속에서 아이들이 어떻게 관계 맺는가도 중요하게 본다. 그래서 누구와도 짝이 되도록 해서 작은 사회를 이루게 한다.

아이들끼리 내 마음에 드는 아이, 싫은 아이가 있겠지만, 교실에서만이라도 누구와도 짝이 되고 누구와도 소통이 되도록 만들어야 한다. 이러한 관계 맺기는 학교 안에서 아이들 간의 갈등 요소를 줄이고, 사회성을 높일 수 있다.

모둠은 책상끼리 잘 붙여서 앉아야 되는데, 간혹 떨어져 있는 책상이 있다. 대체로 관계에 문제가 있어서다. 만약 모둠에서 책상이 안 붙어 있으면, 문제가 있냐고 물어보지 말고 떨어진 책상을 밀어붙여 본다. 그런데 또 떨어져 있으면 서로 아무 말도 안 하는 갈등 관계인 것이다. 이러한 관계를 살펴서 원활한 관계 맺기를 돕는다.

모둠을 만든 뒤 오래 유지하면 관계가 그 안에서 고정돼버린다. 일 년 동안 두 번 바꾼다면 나와 모둠이 되는 아이는 여덟 명이다. 그러면 이 아이들과만 친해진다.

물론 너무 자주 바꾸면 혼란스럽지만 한 학기에 두세 번 정도, 한 달에서 한 달 보름에 한 번 정도는 바꾸어서 다양한 친구들과 교류할 수 있도록 만들어주는 게 좋다. 짝이 마음에 안 든다면서 바꿔달라는 아이들도 있겠지만, 결국에는 누구와도 앉게 된다는 것이 전제되면 그런 소란은 막을 수 있다.

'나'를 표현하다

교사는 아이들이 자연스럽게 이야기할 수 있는 분위기를 만들어주는 데 힘을 쏟아야 한다. 특히 초등학생은 발표를 잘하려다 발표를 못하는 아이가 생기기도 한다. 너무 형식에 치우쳐서 내용을 잊어버리는 경우다.

초등학교 2학년 국어 시간에 '발표할 때 다른 사람이 알아들을 수 있는 목소리로 형식을 갖추어 말해야 한다'는 내용이 있다. 책상 안에 의자를 밀어 넣고 손을 배꼽에 대고 "제가 발표하겠습니다" "2학년 ○○○가 발표하겠습니다"라는 등의 형식을 갖추고 나면, 아이들은 간혹 하려던 말을 잊어버리기도 한다. 그래서 발표하려다 도로 앉는 아이들이 나온다.

형식도 필요하지만 내 몸이 통제되고 속박되면 사고가 안 되고 말로 연결되기 어렵다. 그러니까 교사는 아이들이 앉은 자리에서 자연스럽게 말할 수 있도록 도와주어야 한다.

발표는 일방적인 측면이 있다. '답인가, 아닌가'를 알아보는 것이 중요한데, 표현은 공유를 전제로 한다. 내가 표현하고 그 표현을 다른 사람과 대화를 통해 함께 나누는 것이다. 이때 표현하는 배움이 일어난다.

표현할 때 큰 목소리로 활기차게 말하거나 적극적으로 손을 드는 일을 표현하는 배움으로 오해할 때가 있다. 그러나 손들고 "저요 저요" 소리 지르면서 표현하는 게 배움이 아니라, 누군가의 이야기를 듣고 어떤 생각을 떠올리고, 서로 공유하도록 만드는 것이 표현하는 배움이다. 최근에는 '표현하는 배움'을 '표현의 공유'로 바꾸어 사용하고 있다.

표현의 공유란 다른 사람의 표현을 귀와 눈을 집중시켜 잘 듣고 그것에 대해서 자신의 생각을 비춰보면서 서로 배우는 것이다. 이것은 모노로그(monologue)가 아니라 다이얼로그(dialogue)를 의미한다. 가령 노트에 적힌 자신의 생각을 발표하는 것만으로 끝나버리는 발언은 모노로그다.

"민수의 의견에 생각해낸 건데……."

"은지의 의견과는 다르지만……."

이처럼 친구의 발언을 받아들여 발언하는 것이 바로 다이얼로그다.

표현하는 배움은 집단 속의 나를 발견하는 일로 실천된다. 집단 배움이라고 하더라도 발표는 집단 속에서 내가 어떻게 생각했는가를 표현하는 것이다.

그런데 모둠에서 답을 하나로 정리해야 할지 아니면 각자의 의견을 정리하도록 해야 할지 궁금해 하는 교사가 많다.

"모둠 활동 결과를 쓰도록 하는데, 그것이 바람직한지 그렇지 않은지요. 또 쓰게 할 때 모둠별로 하나로 정리하여 쓰게 하는 게 좋은지 아니면 각자 쓰게 하는 게 좋은지요."

모둠으로 4명이 모였지만, 하나의 답으로 통일시키는 일은 하지 않는다. 하나로 해버리면 결국에 하는 아이만 하게 된다. 그래서 4명이 서로의 생각을 듣기도 하고, 서로의 활동지를 보기도 하면서 결과적으로는 자신의 생각을 갖도록 하는 것이다.

모둠 활동은 자연스럽게 4명이 배우도록 하는 것이기 때문에 특별한 학습 과제가 아닌 이상 4명에게 하나의 답을 만들라고 하지 않는다. 그래야 자기 걸 하게 되고, 못하는 아이는 친구 것이라도 일단 베끼면서 배움에 참가한다. 그럼 선생님들은 이렇게 묻는다.

"다른 아이 걸 베끼는 아이를 내버려두면 어떻게 합니까?"

일단 한 번은 봐주고, 두 번째는 선생님이 다가가서 "왜 베끼니?"라고 하는 게 아니라, "어, 너 했구나. 발표 한번 할래?" 하면 된다. 그러면 그 아이는 베낀 아이에게 어떻게 얘기해야 할지를 묻고 허둥지둥 내용을 파악하려고 한다. 그러고 나서 나중에 정말 그 아이에게 발표를 시키면 된다.

그런데 그 아이가 발표에 부담을 느끼면 안 되니까, 발표하다가 좀 어설프고 어눌해지고 힘들어하면, 그 아이의 모둠 친구들에게 "이어서 발표해 줄 친구?" 하고 연결해 주면 된다. 그렇게 관계 맺기를 해주면 못하는 아이도 자연스럽게 배움에 참여하게 된다.

모둠 학습에서, 아이들의 참여를 돕기 위해 역할을 하나씩 주자는 의견들도 있다. 칭찬하는 사람, 발표하는 사람 등으로 정하자는 것인데, 그렇게 하면 자신의 역할에만 머문다는 단점이 있다. 칭찬하는 역할을 주니까 칭찬만 하고, 다른 아이들이 뭐 했는지, 자신의 생각은 어떤지를 모르고 주어진 역할만 하는 것이다. 그러니까 모둠에서는 역할을 분담하는 것이 아니라 각자 자기 활동을 자연스럽게 하게 한다.

모둠에서 하나의 생각으로 의견을 정리하는 것이 아니기 때문에 모둠에서 이야기하고 난 뒤 "우리 모둠에서는……"라는 식으로 발표하지 않는다. 모둠에서 배운 자신의 생각으로 "나는……"이라고 표현하도록 해야 한다.

Tip 배움이 있는 수업의 기본 흐름

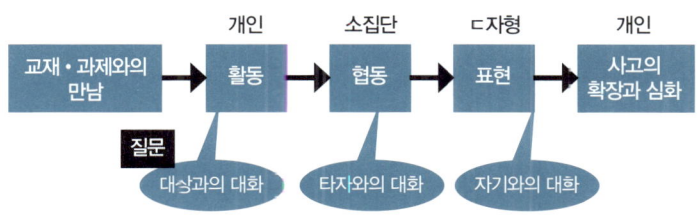

1. 배움은 교재 또는 대상 세계와의 대화를 통한 인지적 실천에서 시작된다.
2. 대상 세계 또는 활동을 4인 소집단을 통한 협동으로 해결한다. 이것이 '타자와의 대화'이다.
3. 다시 ㄷ자로 돌아와서 표현을 통한 전체 공유를 한다. 친구의 생각과 자신의 생각이 다른 점을 보면서, 자기 자신과 대화한다.

이런 과정을 거치면서 개인의 사고를 확장하고 심화한다. 개인 활동에서 대상과 만나고 교재를 통해 질문을 찾아내고 그 질문을 소집단에서 협동으로 친구들과 함께 탐구하는 것이다. 마지막 공유는 ㄷ자로 돌아와 내가 알게 된 것을 표현한다. 이런 의미에서 배움은 개인으로 시작해서 개인으로 끝나는 것이다.

5

수업연구회,
교사가 아닌 아이들을 보다

 '수업을 교사가 아닌, 아이들 중심으로 본다'는 것은 수업연구회의 가치관을 바꾸는 엄청난 혁신이다. 이것을 교사들은 어떻게 느낄까.

 수업 영상을 비디오로 보며 수업 사례를 연구하는 자리였다. 이번 영상은 10년 전부터 나와 함께 수업연구회를 해온 선생님이 촬영해 온 것이다. 한 시간 동안 아이들만 찍어서 수업 중간에 '가운데 들어가는 분이 수업자구나' 하고 알 정도로 아이들 중심으로 촬영한 영상이었다.

'아이들을 보는 수업은 처음이에요'

그때 참관한 교사가 충격을 받았다며 이렇게 말했다.

"솔직히 혁신학교니, 배움의 공동체니 해도 웃기는 이야기라고 생각했습니다. 다 선생님 구찮게 하고 못 살게 하려는 거라고 생각했어요. 사실 그동안 개혁한다고 이런저런 요구가 많았지만 하나도 제대로 된 게 있나요. 그런데 오늘 수업을 보고 깜짝 놀랐습니다.

올해 오십인데 수업 공개를 해본 적이 없어요. 수업 영상을 몇 번 보긴 했지만, 아이들 중심으로 찍은 수업은 처음 봤습니다. 정말 혁신이 맞네요. 우리가 언제 수업에서 아이들을 봤나요. 이렇게 아이들 위주로 보는 건 처음이잖아요."

더 연세가 많은 교사도 고개를 끄덕였다.

"지금까지 수업에 들어가면 제 행동 패턴이 있었습니다. 들어가서 '바로 앉아라' 했는데 말을 안 듣는 아이가 있으면, 수업이 끝날 때까지 그 아이를 노려봤어요. 그런데 오늘 한 시간 내내 아이들만 찍은 수업을 보니까 전부 다 노려봐야 할 만큼 마음에 드는 아이가 하나도 없었어요.

한 시간 동안 아이들을 노려보다 부끄럽고 미안한 마음이 들었어요. 지금까지 30년 넘게 교사 생활 하면서 내가 노려봤던 아이들이 지금 보니 공부하고 뭔가를 쓰고 있었다는 것을 알게 되었습니다. 친구하고 잡담하는 줄 알았는데 친구에게 물어보는 이야기였습니다. 이제야 알겠어요, 제가 그동안 아이들을 한 번도 제대로 못 봤다는 걸요."

이러한 고백은 아이들을 촬영한 영상을 보고, 많은 교사가 하는 이야기이기도 하다. 지금까지 수업 공개에서는 교사의 수업 방식만 보아왔는데, 교사가 아닌 아이들을 보면서 많은 걸 느끼고 배우게 되는 것이다.

수업을 볼 때, 수업 교사가 아닌 아이들 하나하나를 보고 아이들의 관계를 보아야 한다. 또한 그 속에서 어떻게 배움이 이루어지고 있는지도 보아야 한다. 그래야 아이들이 어느 순간에 배우고 어느 순간에 배움이 멈추며 그 이유는 무엇인지를 알 수 있다.

모둠 안에서 학습 과제가 어떻게 전개되고 발전되는가를 봐야만 아이들의 배움에 관한 이야기를 할 수 있다.

학생의 배움을 어떻게 관찰하고, 수업연구회에서 이에 관해 무엇을 이야기할 것인가. 바로 다음과 같은 것들에 주목하면 된다.

- 아이들이 어디에서 배우고 어디에서 주춤거리는가.
- 교사의 지도, 지시에 따라 아이들은 어떻게 배우고 있는가.
- 아이들은 배움의 맥락을 이해하고 있는가.
- 아이들 간에 의미 있는 모둠 활동이 이뤄졌는가.
- 배움과 상관없는 불필요한 말과 행동은 없었는가.
- 아이들과 아이들 사이, 사물과 사건이 잘 연결되고 관계 맺고 있는가.
- 점프가 있는 배움이 이뤄지고 있는가.
- 교사와 아이들이 서로 들어주는 관계가 성립되어 있는가.
- 아이들이 수업에서 서로 듣고 협력적으로 배우는가.

수업에서 본 구체적인 사실을 이야기한다

수업연구회의 목적은 수업의 어느 부분이 재미있었는가를 서로 이야기하고, 수업의 어느 부분이 어려웠던가를 공유하고, 아이들이 배우는 모습을 구체적으로 이야기함으로써 서로 배우는 데 있다.

이때 중요한 것은 교실에서 일어난 사실에 대해서만 이야기한다는 점이다. 임상은 사실을 보고 사실을 이야기하는 데서 시작하기 때문이다. 그리고 교사의 교수 기술이 아니라 아이들이 어떻게 배우는가에 중점을 두어야 한다.

단순히 "참 잘 배우네요" "잘 듣네요"와 같은 추상적인 칭찬은 서로에게 도움이 되지 않는다. 잘했다고 칭찬하는 것도 구체적으로 사실에 근거해서 이야기해야 한다.

직접 보고 들은 구체적인 사실로 들어가면 특별히 칭찬도 아니고 특별히 비난도 아닌, 사실만을 가지고 논의하게 된다. '어떤 장면에서 어떤 것을 보니까 어떤 활동에서 훌륭하더라'를 사실에 근거해서 이야기하고, 어떤 이야기에서 아이들이 잘 들었는지도 사실을 근거로 말해야 한다.

그리고 일대일의 질의 응답식은 피해야 한다. 참관자의 질문에 수업자나 전문가가 답을 하는 방식으로는 함께 배우기 어려우므로, 가르침을 주고받는 게 아니라 다 함께 생각하고 이야기하는 것이 중요하다. 가령 모둠에 참여하지 못하는 아이에 대해 "내 수업에서는 이랬다" 등 자신이 체험한 것과 이 수업에서 그 아이가 어떤 행동을 했는지, 자신의 수업 때와 달라졌다면 어떻게 달라졌는지를 이야기한다.

"수업연구회에서 잘된 것만 이야기하는 것이 과연 옳은지 회의가 듭니다."

마치 입에 발린 칭찬만 하는 것 같아서 과연 서로에게 도움이 될지 모르겠다고 말하는 교사도 있다.

물론 단계가 필요하다. 일차적으로는 좋은 점, 배운 점만 이야기하고,

수업 공개 참관록

참관교사 :

( )학교	( )학년	( )반	( )교시	수업자	
수업교과		지도단원		일시	

I. 학습자의 배움	(1) 학습자는 어디에서 배우고 어디에서 주춤거리고 있는가?	
	(2) 교사의 지시(지도)에 학생들은 어떻게 배우고 있는가?	
	(3) 학생들은 배움의 맥락을 이해하는가?	
	(4) 학습과 관련한 의미 있는 모둠 활동이 이루어지고 있는가?	
	(5) 학습자의 점프가 있는 배움은 이루어지고 있으며, 어느 지점에서 이루어지고 있는가?	
II. 교사의 활동	(1) 교사는 학습자 한명 한명에게 주목하는가?	
	(2) 학습자와 '학습자, 사물, 사건'과의 연결 및 관계는 어떻게 하고 있는가?	
	(3) 교실에서 배움과 상관없는 불필요한 언어와 행동은 없었는가?	
III. 교실에서의 관계	(1) 교실에서 서로 들어주는 관계가 잘 형성되어 있는가?	
	(2) 협동적인 배움이 일어나고 있는가?	
느낀 점 (배운 점)		

2단계에 들어가면 내용과 연결 짓기로 들어간다.

처음에 좋은 것만 이야기한다는 것은 관점을 교사에서 아이로 바꾸어, 먼저 아이들을 보라는 것이다. 교육 내용보다 아이들을 봐야 하는데, 처음 수업을 관찰하는 교사들은 보통 아이들을 보지 않고 수업 교사가 어떻게 가르치는지만 본다. 이 관점을 바꾸는 데에도 시간이 많이 걸린다.

내용 면에서 수업 교사를 보기 시작하면 아무리 잘 봐주려고 해도 단점이 자꾸 눈에 들어와서, 부족한 부분에 대한 지적부터 나온다. 그래서 1단계는 내용보다는 아이들의 관계만 보라는 것이다.

조금 지나다 보면 수업에서 교과 내용과 관계적인 측면을 연결 짓게 된다. 그러면 개선점, 잘못된 점을 이야기하는 게 아니라 '아이가 이렇게 배우더라' 하는 사실과 함께 앞으로 고쳐가야 할 것도 자연히 나오게 된다. 수업연구회를 통해 배운 것을 자신의 수업에 적용할 수도 있다. 과학 수업을 참관한 영어 교사는 아이에 대한 재발견과 함께 수업 디자인에 대해서 새롭게 배웠다고 말했다.

"오늘 수업을 공개한 반의 영어 수업을 맡고 있는데, 마침 제가 관찰한 2모둠의 ○○○학생이 영어 시간에 잘 참여하지 않는 학생이어서 눈여겨보게 되었습니다. 그런데 오늘 그 아이는 수업 내내 발표도 잘하고 활동지도 꼼꼼히 작성하고 특히 주변 학생들까지 챙기면서 도와주는 걸 보고 깜짝 놀랐습니다. 그동안 어느 학생의 일부분만 보고 그 학생을 규정짓고 다른 면과 가능성을 보지 않았던 고정된 학생관에 대해 반성했습니다.

오늘 그 아이가 잘 참여했던 것은 다른 학생들이 함께 즐겁게 참여할 수 있는 수준과 활동적인 과제가 주어져서인 것 같아서 제 수업을 계획할 때도 그런 면을 고려해야겠다는 것을 배웠습니다."

또 수업연구회에서 아이들의 수업 태도 등을 언급하다 보면 아이의 가정 배경이나 친구 관계도 이야기하게 된다. 지난번 한 수업연구회에서는 수업 시간에 잘 따라오지 못하는 아이에 대해 한 교사가 이런 질문을 했다.

"저 아이는 도우미반에 들어가야 될 거 같던데 수학 수업을 함께 해도 되나요?"

그러자 담임 선생님이 그 아이의 상황에 대해 설명해 주었다.

"가정에 어려움이 있어서 거의 70일을 장기 결석했던 아이예요. 그래서 수업을 못 따라가는 겁니다."

그러면 선생님들이 아이의 수업 부진과 개인적인 상황을 이해하게 된다. 그러나 아이들의 상황이나 사생활을 알게 되었다고 해서 공공연하게 폭로를 일삼아서는 안 된다. 아이의 개인 상황을 이해하는 것은 아이에게 도움을 주기 위해서이지 힐난하거나 비판하기 위해서가 아니기 때문이다.

수업을 관찰하고 기록하는 방법

관찰과 기록은 교실에서 수업을 관찰하고 그것을 노트나 테이프레코드, 비디오카메라로 기록하는 활동이다. 흔히 이 관찰과 기록에서 데이터를 수집한 후에 수업 연구를 한다고 생각하지만, 관찰과 기록 자체가 수업 연구의 주요한 활동 중 하나다. 관찰과 기록에는 수업에 대한 견해와 사고방식이 집약적으로 표현되어 있기 때문이다.

수업 전에 어느 교사가 어떤 모둠을 관찰할지 정한다. 즉 1모둠은 어느 선생님이 관찰한다, 2모둠은 어느 선생님이 관찰한다를 정하고, 지도안 옆에 표시해 둔다. 역할 분담을 하면 전 모둠에 대한 이야기가 전 교사로부터 나올 수 있다.

참관하는 교사들은 양쪽 측면에 서 있다가 모둠 활동을 시작하면 모둠별로 관찰한다. 참관자가 교실의 옆면, 가능하면 앞 방향의 측면에서 관찰하는 것은 그 위치에서 아이들이 배우는 모습과 움직임, 교사와 아이의 상호작용을 가장 잘 볼 수 있기 때문이다.

교실의 측면에서 참관하면 아이들의 시계에 들어가 방해가 되지 않느냐는 의견이 있다. 하지만 아이들 입장에서는 보이지 않는 뒤편에서 감시의 눈길을 받기보다는 참관자의 모습이 드러난 편이 안심하고 수업에 집중할 수 있다.

교실에서 일어나는 일들에 대한 메모는 최소한으로 줄이고, 교실에서 일어나는 일들을 관찰하는 데 전념하는 것이 좋다.

또한 공개 수업에 참가하는 교사들은 교실에 대해 예의를 지켜야 한다. 교실은 아이들이 배우는 곳이다. 최대한 자신의 존재를 드러내지 않고, 아이들의 배움에 방해가 되지 않도록 주의해야 한다. 그런데 아이들을 지켜보는 게 아니라 선생님들끼리 사담을 나누는 경우도 있고, 팔짱 끼고 노려보듯 내려다보면서 아이들에게 부담을 주기도 한다.

혹은 아이들에게 도움을 준다고 책상을 차지하는 경우도 있다. 아주 작은 실마리를 주는 정도로 참가하는 정도면 몰라도 수업 분위기를 깨는 행동은 결코 해서는 안 된다. 이는 배우러 온 자세가 아닐 뿐 아니라,

오히려 아이들끼리 배움을 만드는 흐름을 깨버릴 수가 있다. 아이들은 교사들의 말과 행동에 굉장히 민감하기 때문에 참관 교사가 아이들을 방해하지 않도록 주의해야 한다.

어떤 선생님들은 교실 안으로 들어오지 않고 밖에서 창문에 고개를 올려놓고 보기도 한다. 선생님이 그런 자세로 죽 서 있으면, 수업하다 그 장면을 보면 크게 놀라게 된다. 교실 안이 동물원이 아닌 만큼, 들어와서 아이들의 배움을 존중하고 격려하는 자세를 보여주어야 한다. 그래서 아이들이 '우리가 공부하는 걸 선생님들이 지켜봐주시는구나' 하는 느낌이 들도록 진정성 있는 모습을 보여주는 것이 좋다.

2011년 1월 일본 배움의 공동체 수업을 참관한 여교사가 자신을 돌아보고 부끄럽다는 이야기를 했다.

"내가 보는 게 우선이라 수업을 휘젓고 다녔는데, 일본에서 수업하는 모습을 보고 느낀 게 많습니다. 모둠에 나대는 선생님이 하나도 없고, 심지어 수업하는 선생님이 앞에 있다가 아이들을 도와주러 가는데도 모둠 사이로 가지 않고 뒤로 돌아가는 걸 보고 놀랐습니다. 몰입해 있는 아이들에게 바람을 일으키고 지나가면 방해라고 생각한 겁니다. 아이들이 배우는 자리를 저처럼 섬세하게 지켜내는구나, 하고 반성을 했습니다."

이때부터 수업 공개하는 날에는 되도록 바지를 입는다고 한다. 모둠 활동 때 가까이 다가가서 아이들에게 부담감을 주지 않기 위해 무릎을 꿇거나 바닥에 앉아서 관찰하기 때문이다. 그리고 모둠이 끝나면 조용히 옆으로 빠져나온다. 이는 아이들의 배움에 조금이라도 방해가 되지 않으려는 작은 예의인 것이다.

비디오카메라는 교실 창 쪽 비스듬한 전방에서 촬영하는 것이 좋다.

장곡 중학교 수업 참관 모습. 참관 교사는 아이들을 잘 볼 수 있는 위치에 선다. 모둠 활동이 시작되면 모둠 가까이 간다.

장곡 중학교 수업 참관 모습. 참관 교사는 모둠 활동에 방해가 되지 않는 범위에서 조용히 앉아 아이들의 배움을 관찰한다.

일본 도요타마 미나미 소학교 교실이다. 비디오카메라는 교실 앞쪽에 자리하는 것이 기본이다. 보통 교실 창 쪽 비스듬한 전방에서 촬영을 시작한다.

이 위치에서 발언자를 중심으로 주위 아이들의 모습을 포함해 아이들의 움직임을 영상 전체의 2분의 1 정도로 잡고, 교사의 움직임을 전체의 3분의 1 정도, 그 나머지는 교실 전체의 움직임과 특징적인 아동의 동작을 영상으로 구성해서 촬영한다.

카메라의 기본적인 위치는 교실 앞쪽이다. 카메라가 앞에 위치하면 아이들의 수업에 방해가 되지 않을까 걱정하는 분들도 있다. 하지만 보이지 않는 곳에서 카메라가 나를 찍고 있을 거라고 생각하는 것보다는 오히려 보이는 곳에 있는 것이 카메라에 대한 관심을 줄일 수 있다. 그리고 카메라는 이 위치에 고정된 것이 아니라 모둠 활동이 시작되면 모둠에 방해가 되지 않는 범위에서 모둠 가까이 다가가 아이들의 표정과 이야기를 담아낸다.

그리고 아이들이 카메라에 대해 지나친 관심을 갖지 않도록 하기 위해서는 수업 시작 전에 교실에 들어가 아이들과 관계를 맺어두는 것도 좋은 방법이다.

임상 연구를 통해 전문가로 거듭나다

지금까지의 교내 연수는 어떠했는가. 일반적으로 수업 전의 지도안은 며칠에 걸쳐 열심히 검토하고 수업 후 연구는 오히려 단시간에 끝내버리는 경향이 있다. 이는 수업 연구 목적이 '좋은 수업'을 추구하고, 연구 방법이 '가설-검증' 모델에 지배되어 있기 때문이다. 그러나 한 시간의 수업 검토에 '가설-검증' 모델을 채용하는 일은 비과학적이며 아무런 의미도 없다. '가설-검증'을 연구할 게 아니라 '일어난 일의 의미에 대한 다양한 해석' '일어난 일의 관계에 대한 구조적인 인식'이 필요하다.

수업 연구에서는 '어디에서 배움이 일어나고 어디에서 배움이 막히는지'를 중심으로 서로 이야기하고, 교실에서 일어나는 일을 섬세하게 관찰하는 것이 중심 과제가 된다.

또한 지금까지 교내 연수는 학교에서 하나의 연구 주제를 정하고, 그 주제를 교사가 구체화하여 연구하는 방식이었다. 그러나 수업 연구는 개인이 설정한 주제에 따라 추진해야 하고, 서로 다른 주제를 가진 개인이 동료와 협동하여 추진하는 것이다. 학교에서도 교사의 실천적 연구는 개성 있고 다양해야 한다. 그 다양성의 교류를 통해 개개인이 전문가로서 성장할 수 있다.

그러면 수업연구회를 어떤 식으로 개선해야 할까.

첫째, 이야기 대상을 '교사가 어떻게 가르쳐야 했는가'에서 '아이들이 어디에서 배우고 어디에서 주춤거리고 있는가'라는 사실에서 찾는다. 수업 연구의 목적은 훌륭한 수업의 창조가 아니라 '함께 배우는 관계를 창조하고, 높은 수준의 배움을 실현하는' 데 있다. 그래서 수업 사례에 대한 이야기의 중심을 교재 해석이나 교사의 기술에 두는 것이 아니라 아이들 한명 한명의 배움에 둔다.

둘째, 이야기 과정에서 참관자는 수업자에게 조언하는 것이 아니라 수업을 관찰하고 스스로 배운 것을 이야기하고 다양성을 교류하며 함께 배운다.

셋째, 이야기하는 장에서 목소리 큰 사람이나 지도적인 인물 중심으로 흘러가지 않고, 모든 참가자가 적어도 한마디씩 할 수 있도록, 민주적인 토의를 해야 한다. 교내 연수의 활성화를 위해서는 다양한 교사의 다양한 목소리가 교류되어야 하기 때문이다.

넷째, 사회자의 역할을 최소화해야 한다. 사회자는 모든 교사에게 발언할 기회를 보장하고, 솔직하고 구체적인 발언을 이끌어내는 역할을 해야 한다. 그런데 일반적으로 사회를 맡은 교사가 지나치게 개입해서 이야기의 초점을 정리하거나 요약해서, 이야기가 경직되고 다양성을 잃기도 한다. 사회자는 '요약 정리하지 않기'를 철칙으로 해야 한다.

이와 함께 학교 조직과 운영을 단순화하는 과제를 해결해야 한다. 오늘날 교사는 전문가로서의 일 이외에 잡무와 각종 회의에 쫓기고 있다. 아이들과 교사의 배움을 중심으로 학교 조직과 운영을 대담하게 단순화해야 한다. 그 개혁도 병행해야 수업 연구가 제대로 이뤄질 수 있을 것이다.

3장

수업을
이야기하다

수업을 바꾸자 아이들이 달라졌다. 눈이 반짝였고 배우려 들었다. 마치 기다리고 있었던 듯이 아이들은 수업에 반응했다. 아이들은 배움을 포기한 게 아니라 어떻게 배워야 할지를 몰랐던 것이다. 어른들이 귀 기울여 듣지 않고 눈여겨보지 않아서였을 뿐, 아이들은 배움에 대한 열망과 꿈을 버리지 않고 있었다.

1

고등학교
: 엎드려 자는 아이가 없는 교실

    고등학교 수업에서 가장 어려운 문제는 무엇일까. 배우기를 포기하고 엎드려 자는 아이가 많다는 것이다. 그 아이들을 보는 교사들의 마음은 안타깝고 참담하기까지 하다. 그런데 자는 아이들은 정말 배움을 포기한 걸까? 아니었다. 수업을 바꾸자 아이들이 달라졌다. 눈이 반짝였고 배우려 들었다. 마치 기다리고 있었던 듯이 아이들은 수업에 반응했다.

    아이들은 배움을 포기한 것이 아니라 어떻게 배워야 할지를 몰랐던 것이다. 어른들이 귀 기울여 듣지 않고 눈여겨보지 않아서일 뿐, 아이들은 배움에 대한 열망과 꿈을 버리지 않고 있었다.

배움의 공동체를 추진하면서 확인한 것이 고등학교도 늦지 않다는 것이다. 오히려 초·중·고등학교 가운데 배움의 공동체에서 제일 성공적인 곳이 바로 고등학교다. 흔히 입시로 경쟁에 익숙한 아이들이라 함께 배우는 것이 가장 안 될 거라고 생각하는 곳이 고등학교인데, 가장 잘 되는 이유는 무엇일까. 고등학생들은 초등학생이나 중학생에 비해 성숙해서 사람과 관계 맺는 일에 익숙하기 때문이다. 교사가 크게 신경 쓰지 않아도 자기들끼리 묻고 답하는 게 잘된다. 하지만 배움의 공동체에 회의적인 반응을 보이는 분들은 이렇게 말한다.

"우리나라의 모든 교육이 입시를 향해 달려가고 있는데 입시 제도가 바뀌지 않는 한 배움의 공동체 수업이 가능하겠어요?"

특히나 경쟁이 치열한 고등학교를 염두에 둔 이야기이다. 입시가 바뀌지 않으면 대한민국의 수업은 절대 바뀌지 않을 것이라는 것이다. 그래서 어느 누구도 고등학교에서 '활동, 협동, 표현'의 학습자 중심 수업이 가능하다고 생각하지 않는다. 과연 그럴까?

수업1: 수준을 뛰어넘어 함께 가기

주제	한국 전통 음식, 떡갈비를 서양의 'Grilled burger'에 비교하여 설명한 요리평론가의 글을 읽고 이해하고 우리 전통 음식을 영어로 소개하기
수업의 흐름	1. 떡갈비 맛에 대한 글을 읽고 요리와 맛에 대한 여러 가지 표현들을 익힌다. 2. 떡갈비를 맛보고 느낀 섬세한 감정을 표현한 부분을 읽고 이해한다. 3. 한국 전통 음식을 서양 음식에 빗대어 표현할 수 있다.

교사와 아이들의 표정이 작년과 다르다

고등학교에서 아이들이 가장 어려워하고 힘들어하는 교과는 무엇일까? 아마도 아이들이 가장 먼저 지쳐버리고 포기하는 수학과 영어일 것이다. 영어는 의외로 기능 교과의 성격이 강하다. 무조건 반복적으로 외우고 있어야 하는 기초가 많기 때문이다.

기초에 대한 부담은 결국 영어에 대한 공포감을 조성하고 결국에는 많은 아이를 수업 시간에 엎드리거나 졸게 만든다. 고등학교는 영어시간이 일주일에 무려 6시간이 넘기도 한다. 영어 수업이 가지는 어려움은 수업을 관찰하는 나에게도 상당한 부담으로 작용한다.

그 부담을 안고 별 기대 없이 들어선 곳이 2010년 9월 경남 창원에 있는 공립 대안고등학교 맹혜영 선생님의 2학년 영어 수업이었다. 그때 고등학생들이 영어를 얼마나 싫어하고 힘들어하는지를 확인할 수 있었다. 2011년 다시 영어 수업을 보게 되었는데, 사실 가기 전 큰 기대를 하지 않았다. 작년의 수업 분위기가 워낙 힘들어서였다. 그런데 교실에 들어서자 지난번과 다르다는 느낌을 받았다. 우선 아이들의 표정이 굉장히 밝고 선생님 또한 편안해 보였다.

단어의 뜻과 문장의 의미를 함께 해석한다

15명의 아이가 ㄷ자로 마주 보고 앉아 있다. 그리고 아이들을 마주 보고 교사도 앉아 있다.

오늘 수업은 '요리 평론을 읽고 감상하기' 단원이다. 한국 전통 음식인 떡갈비를 서양의 그릴드 버거(Grilled burger)에 비교하여 설명하는 요리 평론가의 글을 읽고, 우리 전통 음식을 서양 음식에 빗대어 영어로 소개하는 내용이다.

먼저 교사가 조용히 책을 읽고 아이들이 따라 읽는다. 아이들은 서툰 발음이지만 끝까지 잘 따라한다.

"짝과 함께 무슨 뜻인지 해석해 보세요."

그러자 아이들은 짝과 함께 휴대폰과 사전을 활용하여 단어의 뜻을 찾고, 요리와 맛에 대한 여러 가지 표현을 각자 방식으로 해석해 본다.

휴대폰으로 단어를 찾는 방식이 특이하게 보일 수 있다. 실제로 이에 반대하는 교사도 많다. 그러나 맹혜영 선생님은 수업을 바꾸기로 한 뒤부터 아이들이 휴대폰으로 단어 찾는 것을 허용하고 있다. "배움에 방해되지 않는 한 최대한 허용해서 아이들이 배우도록 하고 싶어서"였다고 한다. 또 이 아이들이 사전 찾는 것은 늦지만 휴대폰으로 찾는 건 잘해서다.

아이들도 수업 시간에 다른 용도로 사용하지 않기로 약속을 했는데, 지금까지 휴대폰으로 엉뚱한 짓을 하는 사건은 한 번도 없었다고 한다. 아이들이 선생님과의 약속을 지킨 것이다.

수업 중 한 아이의 휴대폰에 문자가 들어오자 바로 닫아버리는 것을 발견했다. 모둠 활동을 위해 책상을 돌리라고 하면 짜증내던 아이들이었다. 그런데 지금은 책상을 돌리는 것도 자연스럽고 뭔가 하려고 하는 것이 눈에 보인다.

교사가 준비한 떡갈비, 상추로 아이들이 시연한다

교사는 오늘 수업에 나오는 떡갈비와 쌈장, 상추 등을 실제로 준비했다. 그리고 두 명의 아이를 앞에 나오도록 해서 영어로 시연해 보도록

2학년 영어 II 읽기 자료	**Grilled Goodness**
2011년 6월 30일 목요일	2학년 반 이름:

As a food writer, I have come to realize how much Korean cuisine is unlike that of any other culture. For example, what other culture ferments spicy cabbage for months and months on end? While it sounds perhaps strange, it's the now-ubiquitous dish since all cultures have come to know and love: Korea's famous kimchi.

So it was a surprise when, the other day, I sampled a dish that was considerably familiar to me, a dish known as grilled hamburger in Canada. In Korea, however, it's known as tteok-galbi: minced, seasoned meat and square-shaped like tteok, Korean rice cakes - cooked over a charcoal grill.

While the marinade and grilling of tteok-galbi are quite like that of a Western burger, the side dishes as well as the manner of eating are distinctly Korean.

Starting with a large lettuce leaf, I placed a bite-sized piece of grilled beef and topped it with the pickled wassabi radish, onions and a dollop of ssamjang bean paste. Then I wrapped up the colorful bundle and popped it whole into my mouth. I thought, "What fantastic flavors and textures!" The hot, crispy beef had a subtle charcoal flavor, the grilling sauce was a bit salty, savory and only somewhat sweet; the cool, pickled radish and onions were a great crunchy and sour contrast to the hot meat.

Happily popping bundle after bundle of tteok-galbi into my mouth, I couldn't help but think that, just as my first bite of tteok-galbi reminded me of a grilled Canadian burger, someday when I'm back in Canada, grilled burger may evoke the fine spring day in Korea when I sampled delectable tteok-galbi.

- goodness : (몸에) 이로운 것
- grilled beef : 구운 소고기
- pickled wassabi radish : 쌈무
- subtle : 미묘한
- crispy : 아삭 아삭한
- charcoal flavor : 숯에 훈제한 향(맛)
- sour : 신맛의
- savory : 짭짤한, 맛좋은
- crunchy : 바삭 바삭한 아지작한
- contrast to~ : ~와 대조적인
- couldn't hep but~ : ~하지 않을 수 없다
- just as~ : 마치 ~처럼
- remind A of B : A에게 B를 생각나게 하다
- somewhat : 다소

2학년 영어 II 활동지	한국 전통 음식, 떡갈비를 서양의 'Grilled burger'에 비교하여 설명하고 있는 요리 평론가의 글을 읽고 이해하고 우리 전통 음식을 영어로 소개할 수 있다.
2011년 6월 30일 목요일	2학년 반 이름:

1. 위 글에 네 번째 단락은 떡갈비 먹는 법과 맛에 대해 묘사한 부분이다. 짝과 함께 영어로 말하면서 몸짓으로 설명해 보자.

  A : Could you show me how to eat tteok-galbi?
  B : Sure, ~

2. 마지막 단락은 떡갈비를 먹고 느낀 매우 섬세한 감상을 멋스럽게 표현한 부분이다. 무슨 의미로 쓴 글인지 자연스러운 한국어로 번역해 보세요.
  →

3. 주어진 자료를 읽고 글쓴이처럼 서양인에게 한국 전통 음식을 서양 음식에 빗대어 설명하는 짧은 글을 써보자.
  →

한다. '고등학교 수업에서 저런 시연까지 할 필요가 있을까'라고 생각할 수 있다. 하지만 이것이 바로 맹혜영 선생님만이 할 수 있는 수업 기술이다. 교재의 의미를 정확하게 파악하지 않은 채 대강 넘어가는 것이 아니라, 실제 해보면서 단어와 표현 하나 하나를 제대로 익히자는 것이다.

영어 수업의 전개에서 무엇보다 필요한 것은 인풋(input)한 내용을 아웃풋(output)해 보는 경험일 것이다. 교사는 그 경험을 다음과 같이 디자인하고 있다.

- 요리의 맛에 대한 표현들을 새로운 단어를 통해 배운다.
- 이를 다시 짝과 함께 질문을 던지며 익힌다.
- 시연 활동으로 표현해 봄으로써 단어뿐만 아니라 회화 능력까지 갖춘다.

어눌해도 끝까지 해내는 것을 칭찬한다

"떡갈비를 맛보고 느낀 감정을 표현한 문장을 해석해 봅시다."

교사가 제시한 문장은 만만치 않은 장문이다. 4줄이 한 문장으로 구성되고, 해석도 어려워 보인다.

'과연 아이들이 이걸 해석해 낼 수 있을까' 하고 걱정하는 순간, 교사는 4명 모둠을 만들도록 한다. 모둠에서 친구와 대화하며 완성해 보라는 것이다.

여기저기에서 외국인이 서툰 우리말을 한 단어 한 단어 늘어놓는 것과 같은 풍경이 전개된다.

4모둠에 있는 미영이가 "즐거운 떡갈비"라고 해석하자, 민수가 "아니,

그게 아니고 내가 즐겁게 떡갈비를 먹었을 때"라며 고쳐준다. 그러자 미영이가 "아!" 하는 탄성과 함께 "이 햄버거는 일깨울 것이다. 행복했던 날들을……"이라고 해석해 들어간다.

미영이와 민수 모두 영어가 능숙한 친구들이 아니다. 그러나 포기하지 않고 어떻게든 만들어보려고 한다. 교사는 아이들에게 문장을 해석해보게 한 후, 마지막에는 미영이에게 전체 문장 해석을 부탁한다.

"나는 생각하지 않을 수 없어요. that 이하를……."

엉성한 표현이지만 끝까지 해내는 미영이에게 교사의 칭찬과 친구들의 박수가 이어진다.

마지막 정리인 만큼 제대로 해야 된다는 생각이 있을 법하다. 많은 교사가 마지막에는 깔끔하고 완벽한 정리를 원한다. 그래서 아이가 완벽하게 하지 못하면, 교사가 정리하면서 마무리를 하려고 한다. 그런데 맹혜영 선생님은 미영이가 자기 식으로 더듬거리며 표현한 것에 대해 따로 정리하지 않는다. 대신 이렇게 말한다.

"아름답게 정리했네요. 하나도 빠뜨리지 않았어요."

이 칭찬이 포기하지 않고 하려는 아이들에게 격려가 되리라는 생각이 들었다. 그것은 미영이의 얼굴에서나 지켜보는 아이들의 표정에서도 확인할 수 있었다.

4명의 서로 다른 과제, 아이들은 어떻게 해결할까

그 다음에는 더 어려운 과제가 아이들에게 주어졌다.

"우리나라의 삼계탕, 파전, 순대, 떡을 서양 음식에 빗대어 영어 문장을 만들어봅시다."

외국인이 우리나라 음식을 물어오면 적어도 한 가지는 대답할 수 있어야 하지 않겠는가. 이것이 교사가 아이들에게 던지는 이야기이다.

이 문제는 모둠의 친구에게 도움을 청하거나 베끼기도 어렵다. 한 모둠 4명의 과제를 각자 다르게 구성했기 때문이다. 자기에게 주어진 과제조차 읽어내지 못하는 아이도 있다. 협동과 대화를 통해서 배우려면 우선 과제가 같아야 한다. 과연 이 아이들은 어떻게 이 과제를 해결할 것인가?

수업을 관찰하는 우리의 눈을 의심하게 하는 광경이 벌어진다. 아이들이 서로 다른 과제를 해결하면서 동시에 도움을 청하고 도움을 준다. 떡의 과제를 맡은 아이가 삼계탕을 소개해야 하는 친구에게 "이게 찹쌀이 맞니?"라고 묻자 "응, 떡도 찹쌀이 있다"라고 대답한다.

아이들 사이에서 끙끙거리는 소리가 들릴 정도다. 하지만 한 명의 아이도 포기하는 아이는 없다. 틀리면 또 찾아보고 물어가며 열심이다. 어려워하면서도 아이들은 문제를 해결해 가고 있었다.

텍스트를 만나게 한다

지난해 이 아이들 가운데는 비동사도 모르는 아이도 있었다. 맹혜영 선생님은 아이들이 안타까워서 집안일까지 제쳐두고 아이들을 저녁 늦게까지 가르쳤다. '내가 열심히 하면 아이들도 달라질 것이다' 하는 생각에서였다.

수업 시간에는 분필을 한 묶음 쥐고 들어와서는 열정적으로 가르쳤다. 예를 들어 '순대'라는 단어를 칠판에 쓰고는 분필을 딱 잘라서 던졌다. 그럼 아이들이 그 소리에 놀라서 눈을 들었다. 아이들이 졸지 않고 집중하게 하려고 그런 방법까지 동원한 것이다. 아이들은 최선을 다하는 교사의 마음은 알지만 도저히 따라가지를 못했다. 아이들 수준이 워낙 낮았기 때문이다.

그러자 이번에는 아이들을 위해 수준을 낮췄다. 그러다가 지난해 수업을 공개했는데, 그 수업을 보면서 놀랍기도 하고 안타깝기도 했다. 교사는 나름대로 온힘을 쏟아 열심히 하고, 아이들도 따라가고 싶은데 진행이 안 되는 것이었다. 그 관계가 읽히니까 더욱 안타까웠다. 그래서 그날 수업연구회 때 이런 조언을 했다.

"선생님이 아이들을 끌려고 하지 말고, 아이들이 텍스트를 만나도록 만들어줍시다. 아직까지 텍스트하고 만나는 게 안 되는 것 같습니다."

이렇게 얘기했더니 맹혜영 선생님은 고민을 적어서 보내오기도 했다. 그 다음부터 수업 방식에서 아이들과 어떻게 관계 맺고 풀어갈 것인가를 고민한 것이 이처럼 변화된 수업으로 이끌어냈다.

못하는 아이들에게 오히려 어려운 과제를 준다

수업을 하면서 교사들이 오해하는 것 중에 하나가 못하는 아이들을 위해서는 배움의 수준을 낮추어야 한다는 것이다.

아이들이 못하는 이유는 기초가 부족해서다.
↓
기초부터 다져야 한다.
↓
수업 수준을 낮출 수밖에 없다.

이런 생각을 하는 것은 충분히 이해가 된다. 하지만 실제 수업에 들어가 보면 기초가 약한 아이들, 못하는 아이들일수록 쉬운 과제와 반복적인 기초 학습을 더 싫어한다는 것을 발견하게 된다.

아이들은 새로운 것, 어려운 것에 도전하기를 좋아한다. 물론 도전하는 것과 배우는 것은 다를 것이다. 배움을 향한 도전이 무모한 것이 되지 않도록 하기 위해서 친구들과 함께 해결하도록 하는 것이다.

맹혜영 선생님도 시행착오의 과정을 거쳤다고 한다.

"아이들이 너무 못하니까 좀 잘해보려고 마음먹고 했던 게 수준을 낮추는 거였어요. 거의 초등학교 수준으로요. 그런데도 애들이 못하더라고요. 수준을 자꾸 낮추니까 또다른 문제가 생겼어요. 잘하는 아이들이 너무 시시하니까 꼼짝을 안 하는 거예요. 잘하는 아이 두세 명이 망가져버리니까, 은연중에라도 그 아이들 하는 거 보고 '나도 좀 베끼자' 하던 것조차도 못하게 돼버렸어요. 이건 안 되겠다 싶어서 시도한 게 좀 어려운 걸 던지는 거였습니다.

그때 '영어를 못하는 아이는 쉬워도 못하고 어려워도 못하고, 영어에 스트레스를 받고 자신감 없어 하는 아이는 쉬워도 쉬운 줄 모르고, 어려워도 어려운 줄 몰라서 다 못하는구나'라고 깨달았어요.

그럴 바에는 잘하는 애들한테 맞추자고 생각하게 되었어요. 오히려 잘하는 아이들을 더 자극시키고, 이 아이들이 하는 걸 통해서 같이 움직여내도록 만들자고요. 그래서 아이들이 도전할 수 있도록 보통 내용보다 항상 높이 잡습니다."

맹혜영 선생님의 영어 수업은 고등학교에서도 협동과 대화가 가능하며, 배움이 도전에서 비롯된다는 것을 보여주고 있다.

그러한 배움을 위해 교사가 준비해야 할 것은 설명이 아니라 활동과 협동의 수업 디자인이라는 것을 보여준다. 또한 교재와 아이들의 배움을 연결 짓고, 아이들과 아이들의 관계를 연결 짓는 돌봄이라는 것을 일깨워준다.

수준을 높이되, 일상 생활에서 소재를 가져온다

"배움의 공동체에서 수준을 높이라고 하는데 그게 불가능하다고 생각했습니다. 특히 언어인데 될까 싶었어요."

맹혜영 선생님은 이런 의문을 가졌다. 그러나 아이들이 전체적으로 못하니까 수준을 낮춘다고 해결될 문제가 아니란 것을 알고, 일단 관심을 갖도록 소재에 집중했다. 이것이 좋은 출발이었다.

'수준은 높이되 아이들이 삶속에서 찾아낼 수 있는 걸 하자'고 생각하면서 소재를 일상 생활에서 가져오게 되었다.

"서양 음식을 우리 음식의 특성과 비교해 봅시다."

교사가 과제를 던졌을 때 한 아이가 이렇게 말했다.

"빵은 굽고 떡은 찝니다."

나도 깜짝 놀란 대답이었다.

영어를 상당히 못하고 어려워하는 아이들이 열심히 하고 재미있게 할 수 있게 된 데는 수업 디자인, 교재의 힘이 있었다. 아이들이 실생활에서 아는 내용을 가져오면, 생활에서 나온 소재이기 때문에 아이들에게서 대답이 나오고, 이를 영어로 표현할 수 있는 단초를 마련할 수 있게 된다.

만약 영어도 어려운데 내용도 어려우면 어떨까. 가령 프랑스 요리를 소재로 다루었다면 아이들은 전혀 나아가지 못하고 헤맸을 것이다.

이 수업에서 교재의 수준은 굉장히 어려웠지만, 수업이 가능했던 것은 아이들이 아는 소재였기 때문이다.

짝 활동, 4명 모둠의 서로 다른 효과

이 수업에서 처음에는 4명의 모둠을 하지 않고 짝 2명이 단어를 찾아가며 해석하는 활동을 했다. 왜 짝 활동을 시켰을까.

영어는 반복을 많이 해야 되는 교과다. 그런데 4명이면 한 사람이 표현할 수 있는 기회가 적을 수밖에 없다. 그래서 짝 활동으로 두 개의 과제를 해결하고, 시연을 한 번 하고, 시뮬레이션을 하고, 쌈 싸는 것도 한 번 했다. 짧은 순간이지만 아이들이 활동지에 나오는 어휘 등을 알 수 있도록 같은 지문을 읽고 동작을 해보면서 네 번을 서로 다른 방법으로 반복했다.

짝하고 하니까 네 번을 할 수 있었지, 여러 명이 하면 개인이 반복할 수 있는 기회가 그만큼 오지 않았을 것이다. 영어 표현에 익숙하게 하기 위해서 짝 활동을 많이 넣었던 것이다.

실제로 교과 내용에 따라서 반복적인 연습이 필요한 경우가 있다. 기능을 습득해야 하는 부분에서는 아이들에게 연습해 볼 기회가 많이 오도록 짝 활동을 하는 것도 필요하다.

또 마지막 모둠 활동 때는 각자 다른 주제를 주었다. 우리가 알고 있는 이론으로 본다면 모둠의 학습 효과를 올리려면 4명이 같은 주제를 잡고 있어야 한다. 이것이 모둠의 협동인데, 여기에서는 4명의 과제가 다 다르다. 그런데 각자의 과제를 하면서도 교류가 이루어진다.

한 여자아이가 삼계탕 과제를 하는 아이에게 "순대에 피가 들어가니?" 하고 묻자 "당연히 피가 들어가지"라고 대답한다. 그리고 자신의 과제인 삼계탕을 하다가 또다른 친구의 질문에 대답해 주고는 다시 자신의 과제로 돌아온다. 이 얘기 저 얘기 들으면서, 이 얘기 저 얘기도 배우는 것이다. 의도적으로 만들어낸 게 아니라 자연스럽게 아이들이 서로에게 배워가고 있었다.

1단계에서 쌈 싸는 단계까지는 요리 평론가의 글을 이해하기 위한 단어 표현 등을 익히는 기초적인 내용의 공유였다. 그 다음에 긴 문장을 해석해 들어가고, 마지막에는 그것을 가지고 나의 이야기를 만들어내는 과정으로 수업을 디자인했다. 영어 한 시간 안에 읽기, 쓰기, 듣기, 말하기가 다 이뤄진 것이다.

선생님이 다가가면 아이들이 살아난다

아이들이 여러 가지 방법으로 의미를 찾아가는 동안 교사는 아무 말도 하지 않는다. 의자에 앉아 있다가 누군가에 다가간다. 졸거나 엎드리지는 않지만 아무것도 하지 않고 있는 아이들이다. 교사가 다가가 책상 옆에 몸을 낮추고 앉아 무엇인가 이야기를 하고 돌아오면, 그 아이들도 몸짓 손짓으로 교재를 읽어간다. 한 명의 아이도 놓치지 않겠다는 교사의 마음을 엿볼 수 있다.

이 수업을 보면 재미있는 게 선생님이 스쳐 지나가면 아이들이 살아난다는 점이다. 참여가 안 되는 아이들에게 선생님이 다가가면 이 아이들이 다시 움직이기 시작한다.

다른 아이들은 사전이나 휴대폰을 가지고 단어를 찾는데, 한 여학생은 선생님이 사전이다. 하다가 모르면 "선생님, 이게 뭡니까" 하고 묻는다. 그때마다 선생님은 일일이 대답을 한다. 그러면 그 여학생은 안 되지만 나름대로 문장을 만들어갔다. 사전을 찾으면 알 수 있는 단어 질문까지 왜 교사가 대답을 할까 생각했다. 알고보니 영어만큼은 특별히 도움을 받아야 하는 수준이어서라고 한다.

이처럼 못하는 아이들이 할 수 있도록 만들어내는 비법은 다른 게 아니라 교사와 아이들과의 관계에 있었다.

이 아이들을 지난해에도 봤는데, 그때만 해도 자기 자신을 주체하지 못하는 아이들이었다. 수업 시간에 엎드려 자지를 않나, 노래를 부르지 않나, 심지어 일어나 춤을 추고, 온갖 일들이 교실 안에서 일어났다.

이번에 수업을 보면서, '아, 고등학교도 이렇게 만들어지는구나' 하는 감동을 받았다. 이 감동의 반전은 교사가 '아이들을 가르치는 게 아니라 아이들이 배우도록 하겠다'고 마음먹은 뒤 일어났다.

어렵지만 포기하지 않는 수업

이 수업을 보는 교사들은 므척이나 놀라워한다.

"공부를 잘하는 것 같지는 않은데 애들이 어쩌면 저렇게 수업에 집중해서 듣는지 놀랍네요."

또 이 수업에서 구체적인 허법을 배우기도 한다. 초등 영어 교과를 전담하는 교사는 이렇게 말했다.

"개인차가 큰 과목이 영어입니다. 저희는 읽기 수업을 할 때 대화 읽기를 4명씩 묶고, 나중에 네 사람이 전부 읽을 수 있도록 연습을 합니다. 그런데 문제는 잘하는 아이에게 의존한다는 거예요. 이 영어 수업에서는 마지막에 네 가지 음식을 조별 과제로 주었는데 네 명의 과제가 다른 점이 인상적이었어요. 과제가 달라서 서로 도와주되 덜 의존적으로 자신의 문제를 해결할 수 있었던 것 같습니다. 앞으로 읽기를 할 때 똑같은 문장을 주지 않고 다른 것을 주면 책임감을 갖고 연습하지 않을까 하는 생각을 했습니다."

무엇보다 이 수업에서 교사들을 감동시킨 것은 아이들이었다. 이 수업을 참관한 선생님 중에 자신이 중학교 때 담임을 했던 반 아이가 있는데, 그 아이를 보고 깜짝 놀랐다고 한다.

"그 아이가 중학교 때 얼마나 저를 골탕 먹였는지 모릅니다. 학교를 거의 안 왔고, 와도 앉아 있지를 않았어요. 말도 안 하고요. 너무너무 힘든 아이였는데. 그런데 그 아이가 앞에 나와서 영어로 이야기를 하네요."

이 이야기가 의미하는 바는 무엇일까. 아무리 학교에서 겉도는 아이일지라도 배우기를 포기한 것은 아니라는 것을 보여주는 뜻 깊은 증언일 것이다.

이 수업을 보고 비법을 알고 싶어 하는 교사가 많다. 이에 대해 맹혜영 선생님은 이렇게 말한다.

"처음에는 열심히 가르치려고 했는데 지금은 열심히 가르치려고 하는 생각을 달리 바꿨습니다. 나 혼자 열심히 가르치는 게 아니라 아이들이 포기하지 않게 도와주려고 노력합니다. 가만히 보니까 많은 아이가 학교를 포기하더라고요. 아이들이 포기하지 않게, 포기하기 전에, 도와주려고 노력했습니다."

수업의 비법은 어떤 기술이 아니라 아이들의 배움에 주목하는 철학에 있음을 보여주는 대답이다. 아이들은 교사가 포기하지 않는 한 절대 먼저 포기하지 않는다.

수업 2 : 재미있는 시청각 자료를 활용하기

주제	· 운율의 이해(기본 과제)와 적용(점프 과제) · 시조를 통해 본 한국시의 운율

수업의 흐름	· 기본 과제 : 교과서 135쪽 운율의 형성 모둠학습 발표, 설명
	· 점프 과제 : 노래로 운율 이해하기
	   서양의 압운(Rhyme)의 예시와 이해(비틀즈 〈yesterday〉) : 각운 위주
	   티아라의 〈러비 더비〉 : 글자 수 위주
	   용감한 녀석들의 〈기다려 그리고 준비해〉 : 음보 위주 운율 찾기
	· 학습적용 활동 : 시조 「백자부」의 운율 찾기, 맥락 읽기, 내용 정리
	· 점프 고제 : 생활고· 운율(4·11 총선과 운율)
	· 차시 예고 : 심상고· 비유

수업에 왜 막대기를 들고 왔을까

주제는 운율의 이해와 적용이다. 시조를 통해서 한국시의 운율을 알아보는 수업인데, 감상도 해야 하고 지식도 있어야 해서 아이들이 어려워하고 재미없어 하는 단원이다. 그래서인지 수업을 시작할 때 앉아 있는 아이들의 표정이 즐거워 보이지 않는다.

홍진호 선생님은 수업을 시작하자 바로 활동지를 나눠준다. 좋은 시작이다. 수업은 시작 5분이 중요하다. 이때 수업을 재미있게 한다고 초두에 이런저런 이야기를 하다가 오히려 주제를 놓치는 경우가 종종 있다. 그래서 수업이 시작하면 바로 주제로 들어가는 것이 중요하다 아무리 수업에 관심 없는 아이라도 시작하고 5분까지는 레이더가 교사에게 향해 있다.

"운율이 생길 때 가장 중요한 것이 뭘까요?"

"반복이요."

교사가 대답한 아이에게 막대기를 주면서 운율을 만들어보라고 한다. 수업 시간에 막대기를 들고 와서 어디에 쓸 것인가 했는데, 아이들이 운율을 소리로 직접 표현해 보도록 준비한 것이다. 책상을 두드리는 막대기의 운율에 아이들은 나른함이 가시는 듯 웃음을 보인다.

"운율은 반복이에요. 그런데 한 번 치는 건 운율이 아니죠. 반복되면서 운율이 생기는데, 먼저 운율에 관련된 음악을 들어보고 알아봅시다."

화면에 팝 밴드의 노래가 나온다. 아이들의 눈길이 화면으로 모인다. 국어 운율 수업에서 팝송을 활용한 것, 특히나 아이들이 좋아하는 음악으로 소재를 가져온 것이 신선하다.

팝송에서 운율을 찾다

"저 밴드에서 드럼을 봐요. 리듬이 단순하죠. 싱어는 복잡하게 노래하는데 드럼은 한 가지 리듬만 반복하고 있어요."

팝 밴드 드러머의 반주를 통해 운율을 알게 하는 것이 재미있다.

"운율의 요소에 뭐가 있죠?"

교사는 질문을 던진 뒤 모둠을 만들어 알아보게 한다.

'소리, 단어, 구절, 문장, 글자 수, 음보.'

반드시 알아야 할 기본 개념인데, 대답이 나오기까지 아이들이 어려워하는 표정이다.

교사는 비틀즈의 〈예스터데이〉를 들려주고, 서양 음악의 각운, 라임에 대해 알아본다.

"서양 사람들의 운율은 무엇일까. 래퍼들이 많이 하는 게 뭐죠?"

"라임이요."

활동지

1. 운율의 이해

○기본 과제 : 교과서 135쪽 운율의 형성 모둠 학습

시의 언어가 (-변화와 반복)을 통해 (   )있는 언어로 재조직되어 (   )을 느끼게 하는 것을 운율(韻律)이라 한다. 우리 시에서의 운율은 (   ) 등이 반복될 때 드러난다.

○점프 과제 1 : 노래로 운율 이해하기(2쪽 참고)
— 서양의 압운(Rhyme)의 예시와 이해(비틀즈 〈yesterday〉) : (각운) 위주
— 티아라 〈러비 더비〉 : (글자 수) 위주
— 용감한 녀석들 〈기다려 그리고 준비해〉 : (음보) 위주 운율 찾기

2. 학습적용 활동

1) 백자부를 읽고 운율이 느껴지는 요인을 다음 항목에 따라 찾아보자.
— 자연스럽게 호흡이 끊어지는 곳에 / 표시를 해보자. = (음보)
— 반복되는 단어나 어미 등 운율 형성의 요소가 있는가?
— 운율을 고려해 의도적으로 변형된 시어가 있는가?

2) 맥락 읽기
— 화자는 무얼 하고 있나?
— 백자의 쓰임새는 무엇인가?
— 4연에서 백자의 속성을 지시하는 시어를 찾으면?

1. 고등학교: 엎드려 자는 아이가 없는 교실 179

3) 이 시의 짜임새를 파악해 보자.

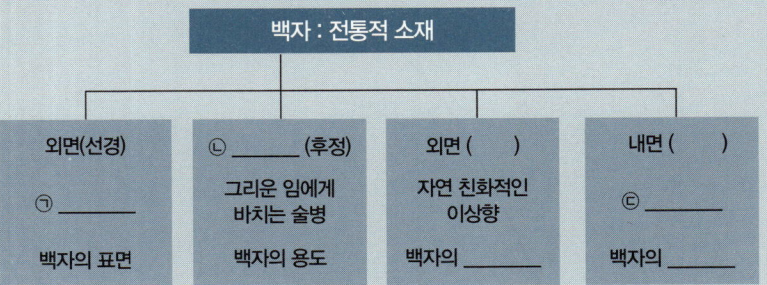

○점프 과제 1 : 노래로 운율 이해하기

The Beatles - Yesterday

Yesterday all my troubles seemed so far away.

Now it looks as though they're to stay.

Oh, I believe in yesterday. Suddenly, I'm not half the man I used to be.

There's a shadow hanging over me. Oh, yesterday came suddenly.

Why she had to go, I don't know she wouldn't say.

I said something wrong, now I long for yesterday.

Yesterday love was such an easy game to play.

Now I need a place to hide away. Oh, I believe in yesterday.

Why she had to go, I don't know She wouldn't say.

I said something wrong, Now I long for yesterday.

러비 더비

너무 뻔해 나는 오늘도 혼자서

아 심심해 결국 이렇게 하루가

(우우우우우 우우우우우) 지나가겠지

봐봐 지나가는 저기 커플 좀 봐

나도 저렇게 사랑할 수 있는데

(우우우우우 우우우우우)우 너무나 외로워

나도 Lovey Dovey Dovey Uh Uh Uh Uh

Lovey Dovey Dovey Uh Uh Uh Uh

더 이상 혼자 두지마

이제 Lovey Dovey Dovey Uh Uh Uh Uh

Lovey Dovey Dovey Uh Uh Uh Uh

너는 어디에 에 Oh

기다려 그리고 준비해

한숨 대신 함성으로 걱정 대신 열정으로

포기 대신 죽기살기로 우리가 바로 용감한 녀석들

(우리의 용감함을 보여주지!)

여자친구 쇼핑할때 6시간 기다려

니가 사줄꺼 아니면 입다물고 기다려

화장실에 가면은 가방들고 기다려
그 백이 니 몸값보다 비싸

○점프 과제 2 : 4·11 총선과 운율(4월 12일 신문기사 표제다. 운율이 있는
 지 찾아 설명해 보자.)
① MB정권 심판론, 수도권 외 지역선 먹히지 않았다.
② 선진당 '몰락', 군소정당 '우수수'
③ 박근혜 미래에 웃고, 민주당 자만에 울다.
④ 표절 웃고, 막말 울다.
⑤ 비판은 있는데, 비전은 없다 - 민주당
⑥ 나꼼수의 힘도 막말 역풍 막지 못했다.
⑦ 새누리당 단독과반 승리, 박근혜 대세론 탄력

"라임이 바로 압운 중에 각운이에요. 서양 사람들은 맨 뒤를 반복해요. 이 노래에서는 어웨이, 스테이, 데이, 서든리, 유스트비…… 예외가 없어요. 그만큼 각운을 좋아한다는 걸 알 수 있죠."

티아라의 〈러비 더비〉, 용감한 녀석들의 〈기다려 그리고 준비해〉까지
"이번에는 우리 노래를 들어봅시다. 잘 아는 노래죠? 티아라의 〈러비 더비〉, 이 노래에서도 운율이 보일 거예요. '러비 더비 우우우'는 옛 시

고려가요의 뭐와 같아요? 후렴구. '아우 다롱디리 어강도리'와 같아요. 운율이 뭐가 반복해요?"

"음보가 반복돼요."

"또 뭐가 반복하나요? 글자 수가 정확하게 반복돼요. 트로트에 나오는 운율도 마찬가지인데 글자 수가 이거랑 똑같아요. 글자 수를 맞추면서 운율을 맞추는 거죠. 이 노래는 글자 수, 음보, 여음과 후렴구를 넣어 운율을 반복하고 있어요."

다음에는 모 개그 프로그램에서 인기를 얻고 있는 용감한 녀석들의 노래로 운율을 알아보기로 한다.

"여기에는 〈러비 더비〉보다 운율이 더 잘 드러나요. 아까 이야기한 소리, 단어, 문장, 글자 수, 구절, 음보를 한번 찾아보세요. 반복되는 소리를 찾는 거예요. 다섯 가지 정도 운율이 나오는데, 모둠에서 세 가지 이상 찾아보세요."

한 모둠에서 여학생이 교사에게 묻는다.

"소리랑 음절이 뭐예요?"

"소리란 똑같은 자음 아니면 글자, 음절 같은 비슷한 음이 반복되는 걸 말해요."

이 여학생의 질문은 점프 과제로 가기 전 기초 공유가 잘 안 되었음을 보여준다. 이 모둠에서는 서로에게 묻고 대답하는 관계가 잘 보이지 않는다.

"소리가 반복되는 걸 찾은 사람! 소리는 자음이나, 즉 'ㄱ'이면 'ㄱ'이 계속 반복되거나, 자음 모음이 합쳐져서 '가'면 '가'가 반복되거나 하는 걸 말합니다. 가령 '고요히 고운 봄길 위에……'에서는 '오'가 반복되는 걸 소리가 반복되는 거라고 하죠.
'한숨 대신 함성으로'에서 함성을 유사한 단어로 바꿔보세요. '함성 대신 외침으로' 할 때 운율이 맞아요? 'ㅎ'과 '아'가 반복되면서 운율이 생겼잖아요. 그리고 '걱정 대신 열정으로'에서는 '정'이란 소리로 운율이 생겼죠. '포기 대신 죽기살기'에서는 '기'가 반복돼서 운율이 되었어요."

아이들이 노래는 잘 알지만 운율을 찾는 데는 어려워하는 모습을 보인다. 하지만 아는 노래, 아는 가사라 포기하는 아이들은 없다. 모둠에서 이야기를 나누며 운율을 찾아간다.

고등학교 수업에서는 정말 보기 힘든 풍경이다. 자는 아이가 없을 뿐 아니라 한 명도 수업에서 소외되지 않고 어떻게든 해보려고 한다는 점이 놀랍다.

무엇보다 교사의 노력이 대단하다. 아이들이 좋아하는 외국 팝송, 티아라, 용감한 녀석들의 노래에 이르기까지 다양하게 준비해서 운율의 이해를 돕는다는 것은 결코 쉬운 일이 아니다. 흔히 접하는 노래 가사에서 소재를 가져온 것, 서양 음악과 우리 음악을 비교하면서 운율에 접근하는 것도 획기적이다. 만약 이런 준비 없이 운율을 이야기한다면, 과연 조는 아이 없이 수업을 진행할 수 있을까.

아이들이 모를 때는 기초 과제로 되돌리기

수업에서 모든 아이의 배움을 실현하기 위해서는 내용을 기초 과제와 점프 과제, 2단계로 조직할 필요가 있다. 그리고 반드시 알아야 할 것이 바로 기초 과제인데, 저학력층의 아이들을 위해서 기초를 공유하는 일이 중요하다.

이 수업에서 기초 과제는 바로 '운율의 요소'다. 그런데 비틀스의 〈예스터데이〉를 들려주고, 운율의 요소를 물었을 때 아이들의 대답이 시원치 않았다. 기초가 되는 운율의 요소에 대해 정확히 이해하지 못해서다. 그래서 모둠 속에서도 아이들은 "단어가 뭔데?" "음보가 뭐야?" 하고 물었다.

교사는 이렇게 아이들이 어느 부분에서 주춤거리고 있는지를 잘 찾아내야 한다. 그래서 기초 내용이 공유되지 않았을 때는 교사가 학급 전체에 되돌리기를 하거나, 점프 과제를 통해 기초 과제를 다시 만날 수 있도록 한다.

그때는 교사가 꼭 설명하지 않아도 된다. 운율의 요소를 아는 아이들이 있을 것이고, 아는 아이를 통해 전체가 공유할 수도 있다. 그런데 교사가 지난 시간에 배운 내용이라서 아이들이 알 것이라고 전제하면 아이들은 물어볼 수도 없는 상황이 돼버린다.

이미 배운 내용이라도 아이들의 대답이 시원치 않거나 모른다고 판단하면, 되돌리기를 하면 된다. 앞 단계의 기본 과제를 다시 잡고 들어가는 것이다.

그런데 활동이 많다 보면 바쁘게 진행하느라 아이들을 살피지 못하고 갈 수 있다. 아이들이 기본 과제를 공유하면, 노래를 한 편만 던져도 이해하게 된다. 단어, 문장 등 운율의 요소를 굳이 이야기하지 않아도 노래를 통해 확인할 수 있어서다. 그러면 남은 시간에 아이들이 점프 과제를 제대로 알고 배웠는지를 점검할 수 있다.

시조 낭송 듣고 운율 찾기

"시조는 몇 음보죠?"

"4음보요."

"시조의 낭송을 모둠끼리 들으며 4음보를 나눠보겠습니다. 성우가 읽는 걸 잘 듣고 어디까지가 한마디인가. 빗금 치면서 끊어봅시다."

시조「백자부」를 듣고 운율을 끊어내도록 한다. 교사는 아이들이 하는 것을 보다가 어느 부분에서 잘 끊어내지 못한다는 것을 발견한다.

"한 줄을 몇 토막으로 쳐야 돼요? 시조가 4음보면 몇 토막을 칠까요?"

"4개로 토막을 내요."

"그런데 두 개로 혹은 토막을 안 낸 사람도 있네. 1연만 토막을 내보세요. 1, 2연은 문제가 없죠? 마지막 종장이 좀 까다로운데 성우가 읽은 대로 토막 내봅시다."

낭송을 다시 들려준다. 아이들이 종장 부분에서 어려워한다는 걸 찾아내고 연결시킨 것이다. 앞에서 '운율의 요소'에서는 연결 짓기를 놓쳤지만,「백자부」에서는 "다시 들어보자" 하고, 아이들이 모르고 지나가지 않도록 했다.

'이제 막 백학 한 쌍이 앉아 깃을 접는다.'

"어때, 귀에 들어와요? 다시 한 번 듣고 호흡이 끊어지는 곳에 끊어봅시다."

'이제/ 막 백학 한 쌍이 앉아/ 깃을/ 접는다.'

"한 음보는 같은 시간 같은 거리라고 했는데, 하나는 두 글자고 하나는 여덟 글자죠. 여기에 대한 의견은 분분한데, 중요한 건 민요는 세 토막이고 가사나 시조는 네 토막으로 읽는다는 겁니다."

수업 교사는 아이들이 무엇을 어려워하는가를 찾아내는 것이 중요하다. 답을 맞히는 것이 중요한 게 아니라 아이들의 배움이 어디서 멈추는가를 알고 연결시켜야 한다.

이것은 수업을 보는 사람에게도 중요한 요소다. 아이들이 무엇을 어려워하는가를 눈여겨보아야 수업연구회에서 함께 해법을 찾을 수 있다.

신문 헤드라인에도 운율이 있다

"운율은 일상 생활에서도 발견할 수 있어요. 4·11 총선 후 기사를 뒤져보다가 발견했는데, 다음에서 운율이 있는지 찾아보세요."

1. MB정권 심판론, 수도권 외 지역선 먹히지 않았다.
2. 선진당 '몰락', 군소정당 '우수수'
3. 박근혜 미래에 웃고 민주당 자만에 울다.
4. 표절 웃고, 막말 울다.
5. 비판은 있는데, 비전은 없다 – 민주당
6. 나꼼수의 힘도 막말 역풍 막지 못했다.
7. 새누리당 단독과반 승리, 박근혜 대세론 탄력

각 항목에서 운율이 느껴지는지 아이들과 함께 확인한다.

"3, 4, 5번에서 운율이 느껴졌죠? 재미있는 건 운율이 있는 것이 인기도 높다는 겁니다. 인터넷에서 클릭 수가 3번이 1등, 5번 2등, 4번 3등이었어요. 운율이 있을수록 클릭수가 높다는 것을 알 수 있죠. 이처럼 운율은 우리 생활 곳곳에서 많이 활용된다는 걸 알 수 있어요."

국어 시간의 운율 수업이 음악, 신문기사까지 다양하게 연결되고 있다. 다양한 소재, 특히 생활 주변에서 가져온 소재로 운율을 이해시키려는 노력이 돋보인다.

 이때 아이들의 배움도 교과서에만 머물지 않게 된다. 수업 시간에 배우는 지식이 일상 생활과 동떨어진 것이 아니고, 꼭 필요한 내용들일 때 아이들의 배움은 더 구체적이고 현실적인 것이 된다. 또 실제로 필요하고 응용할 수 있는 지식일 때, 아이들은 더 적극적으로 배우려는 의지를 갖게 된다.

고등학교 수업 디자인의 새 장을 열다

 지도안과 활동지를 보면서 수업의 깊이와 흥미를 느낄 수 있었다. 교과서 진도만 파고들어 아이들이 흥미를 느끼지 못하는 수업이 아니라, 아이들이 교재와 만날 수 있도록 섬세하게 디자인한 전문성이 돋보인다. 고등학교 수업에 새 장을 연 디자인이라고 할 수 있다.

 보통 수업은 기초, 즉 운율의 요소만 가르치다가 실제 운율까지는 못 들어가는 경우가 많다. 그런데 이 수업에서 교사는 과감하게 교과서를 뛰어넘는 다양한 소재로 접근했다. 아이들이 노래 가사를 듣고 읽게 만들고, 음악, 신문기사 등 다양한 소재로부터 운율로 접근해갈 수 있도록 디자인했다. 그리고 그 효과는 아이들의 수업 태도에 고스란히 반영되었다.

 만약 공개 수업이 아니었고 이처럼 다양한 소재를 활용한 수업이 아니었다면 수업에 참여하지 못했을 아이가 많을 것이다. 수업 시작 때만 해도 관심 없고 무표정하던 아이들이 시간이 갈수록 다양한 소재 때문에 눈을 뜨고 수업에 빠져들었다. 다양한 시청각 자료를 활용한 시도로 아이들이 관심 있게 배울 수 있었던 것이다. 최근 매체를 지나치게 활용하는 교사들을 빗대어 '클릭 교사'라는 별명을 붙이기도 한다. 그러나 이번 수업만큼 적재적소에 매체를 활용한다면 걱정하지 않아도 될 이야기인 듯하다.

이처럼 교재 연구는 중요하다. 아이들이 과제에 흥미를 갖도록 만드는 것, 고등학교 수업에서는 정말 혁명 같은 일이 아닌가.

교재 연구는 교사의 전문적 영역이고, 교육과정에서 가르치라고 한 것을 어떤 소재로 가르칠 건가를 교사가 새로이 창조하는 활동이기도 하다.

교사가 전문적인 역량을 발휘해서 수업을 디자인할 때 수업의 질은 높아지고, 아이들은 잠에서 깨어나게 된다. 그때 비로소 교사와 학생의 지적 교류가 즐겁게 시작된다.

2

중학교
: 수업은 치유다

   중·고등학생들을 관찰하면서 발견한 것이 있다. '고등학생들은 배우고 싶어 하고, 중학생들은 통하고 싶어 한다'는 것이다.
   엎드려 자는 아이들이 많은 고등학교 교실에서 배움의 공동체 수업을 통해 본 것은, '아이들이 배우고 싶어 하는구나'였다. 그 아이들이 정말로 원하는 것은 배울 수 있도록 누군가 손을 내밀어주는 것이었다.
   또 중학생들은 대화를 거부하고 자신을 잘 드러내지 않으려 든다. 그런데 사춘기의 정서적 특성이 자신을 드러내고도 싶고 누군가의 시선을 받는 것을 부담스러워하기도 한다. 민감하고 여린 시기여서 상처입기도 쉽다. 그러한 내면의 혼돈과 괴로움을 가슴에 품기에는 아직 어리기 때문에 이해받고 싶은 마음이 그 어느 때보다 강하다. 그래서 속내를 누군가에게 말하고 싶어 한다.

'내 이야기를 들어주세요. 하지만 나에게 묻지는 말고 그냥 들어주세요.' 이것이 아이들의 속마음이다. 그런데 주위에 따듯한 가슴과 시선으로 아이들의 이야기를 들어줄 사람이 너무 없다. 아이들의 이야기를 자기 식대로 해석해서 훈계하려 들거나, 힐난하고 조정하려고만 든다. 그래서 어디에도 하소연할 길 없는 쿨덩어리를 가슴에 품은 채 아이들은 일촉즉발의 시기를 견디고 있다.

요즘 사회적으로도 중학생이 제일 문제가 되고 있다. 왕따, 폭력, 자살 등. 연일 매체에 오르내리며 모두의 가슴을 아프게 한다. 그런데 학교나 사회는 힘든 시기를 건너고 있는 아이들을 자극하기만 할 뿐, 문제의 원인이 어디 있는지 알려고 하지 않는다. 아이들의 말에 귀 기울이지도 않는다. 특히 남학생들의 경우 폭력 문제가 심각한데, 이런 문제는 경찰을 투입한다고 해결되는 것이 아니다.

학교 폭력은 외부적인 힘이 아니라 학교가 본래의 기능을 하면 해결된다. 학교에 마음 붙이고 할 일이 있으면 아이들이 왜 싸우겠는가. 배우며 미래를 꿈꾸는데 왜 자신을 포기하겠는가.

아이들에게 학교는 의미 없는 곳이 되어버렸다. 요즘은 잘하는 아이들도 폭력으로 문제를 일으키는 경우가 많다. 못하는 아이들은 수업에서 소외되고, 잘하는 아이들도 의미 없는 배움에 행복하지 않은 것이다. 그 구조부터 파악해야 문제 해결의 실마리를 찾을 수 있다.

중학교의 폭력성도 수업으로 잡을 수 있다는 것은 배움의 공동체 수업에서 증명이 되고 있다. 서울 삼정 중학교에서는 재작년만 해도 수십 건의 사건·사고로 폭력대책위원회가 열렸다. 그런데 배움의 공동체 수업을 한 뒤로 폭력이 없어졌다고 교사들도 놀라워한다.

또한 아이들의 생활태도도 크게 바꾸어놓는다. 거칠고 어수선한 분위기였던 한 여자 중학교는 배움의 공동체 수업을 하면서 무척이나 차분해졌다. 아이들이 배우는 일에 집중하면서 생활태도도 확연히 달라져서 아이들 스스로도 놀라고 있다. 그 원인은 무엇일까. 지금 배우는 즐거움을 누리면서, 미래에 대한 희망을 갖게 되었기 때문이다. 배우는 아이들은 결코 자신을 포기하지 않는다.

수업 3 : 나를 표현하고 서로를 이해하는 공감

주제	다른 이의 자서전을 참고하여 자신의 자서전을 쓸 수 있다.
수업의 흐름	1. 안중근의 삶을 표시하는 제목을 정한다. (5분) 2. 안중근의 자서전을 읽고 얻은 교훈을 바탕으로 안중근 의사께 편지를 쓰고 발표한다. (15분) 3. 활동지의 양식에 따라서 자신의 자서전을 쓰고 발표한다. (20분) 4. 정리 (5분)

대선배 교사의 수업 공개

경상남도에 있는 남자 중학교 2학년 국어 수업이다. 수업자인 이순일 선생님은 50대 후반의 원로 교사다. 교직 경력과 연륜으로 본다면 감히 어느 누구도 수업 공개를 부탁할 수 없는 대선배 교사이다. 그런데 스스로 수업을 공개하며 수업 컨설팅을 청했다고 한다.

수업은 '나를 키운 자서전'이라는 단원에서 자서전 쓰기를 주제로 하고 있다. 아마도 '교사가 자서전이 무엇이며 자서전이란 어떻게 쓰는 것인가를 가르치는 수업이려니' 생각하기 쉽다. 아직까지 우리나라에서 공개 수업이라고 하면 학부모를 비롯해 외부인에게 교사의 수업 기술을 보여주기 위한 것으로 인식되어 있다. 그래서 학생들보다는 교사의 말과 활동이 주가 되는 주제를 선정하기 마련이다.

그런데 이순일 선생님은 자서전이란 어떤 것인가를 구구절절 설명하는 대신 이렇게 말한다.

"지금까지 살아온 자기 인생을 자서전으로 써서 발표해 봅시다."

중학생에게 자신의 인생을 돌아볼 기회를 준다는 것이 새로웠다. 더구나 그것을 글로 쓰고 함께 표현하는 시간이라니, 뜻밖이었다.

"자서전을 쓸 때 유의할 점 알죠? 진실하게 쓰는 겁니다. 그리고 잘 쓰려면 표현법을 사용하면 좋습니다. 예를 들면 나는 중학교 입학해서 게임도 안 하고 군것질도 안 하고 돈을 모아서 저축 왕이 되었다. 이때 '티끌 모아 태산'이라는 속담을 갖다 붙이면 자서전에 빛이 나겠죠."

교사는 자서전 쓰기에서 중요한 것들만 간단히 일러주고, 모둠에서 글을 쓰도록 한다.

사춘기 아이들이 과연 자기 마음을 열까?

활동지에는 아이들이 쉽게 자서전 쓰기에 다가갈 수 있도록 다섯 가지 부제를 정해주었다. '나의 기쁨' '나의 슬픔' 등이다.

'나의 자서전'을 중학생들에게 쓰게 했을 때, 그 아이들이 정말 진솔

하게 자신의 이야기를 표현해낼 수 있을지 알 수가 없었다. 더욱이 다른 사람들 앞에서 자신의 이야기를 발표할 수 있을까. 사춘기 아이들인데, 과연 가능할까?

모둠으로 모인 한명 한명의 표정이 사뭇 진지하다. 잠시 생각에 잠긴 듯한 아이도 있고, 글이 풀리지 않는지 친구의 것을 살며시 보는 아이도 있다. 답이 없는 글쓰기는 아이들을 진지하게 활동에 몰입하도록 한다.

교사는 아이들을 유심히 지켜보다 어려워하는 아이 옆에 다가간다. 그러고는 무릎을 굽히고 눈높이를 맞춰 이야기한다. 머리 하얀 선생님이 무릎을 굽혀 아이와 이야기 나누는 모습이 아름답다. 참으로 오랜만에 보는 편안한 교실이다.

친구의 삶에서 무엇을 배울지 들어보기

한참의 시간이 지난 뒤 교사는 아이들에게 서로의 자서전을 바꿔 읽어보도록 한다.

"자, 친구의 자서전을 읽었죠? 발표할 사람 있어요?"

바로 손을 드는 아이가 없다.

"우리 반이 이렇게 스스로 발표하는 사람이 없었던가?"

잠시 후 한 명이 일어서더니 앞으로 나온다.

"친구가 무슨 말을 하는지 잘 들어봅시다."

교사는 친구의 이야기를 경청하도록 주의를 환기시킨다.

"친구의 삶에서 무엇을 배울 수 있는지 잘 들어봅시다."

이 말을 듣는 순간, 교사가 아이들을 어떤 시선으로 바라보고 있는지 느낄 수 있었다. 우리가 아이들에게 누군가의 삶을 통해 배우라고 할 때, 흔히 부모와 같은 어른이나 위인을 생각한다. 그래서 '친구의 삶에서 무엇을 배울 수 있는지 들어보자'는 교사의 제언은 쉽게 나올 수 있는 말이 아니다. 그것은 아이들의 생각과 삶을 존중하고 아이도 누군가에게 배움을 줄 수 있는 존재라는 믿음이 없고서는 도저히 할 수 없는 표현인 까닭이다.

스스럼없이 자신을 표현하는 아이들

한 친구가 쑥스러운 얼굴로 발표한다.

"나는 의령이라는 시골에만 있다가 마산과 진주를 다녀오면서 우물 안 개구리에서 벗어나게 되었다."

자신의 성장에 대해 이야기한다. 그러자 또 한 친구는 '요절복통 김성제의 자서전'이라는 부제목을 소개한 후 그동안의 자기 삶에 대해 발표한다.

"그동안 나의 삶을 평가해보았습니다. 저는 제가 생각해도 성격이 난폭하여 주변 사람들을 힘들게 하는 경우가 많았고, 친구들한테 좋다고 표현한 것인데 친구들은 싫다고 짜증을 부리는 경우가 많았습니다. 욱하는 성격도 있어 친구들과 싸웠고요. 그래서 저는 어렸을 때부터 성격을 많이 고쳐야겠다고 생각했습니다."

하기 힘든 이야기일 수 있는데, 거침없이 이야기하는 것이 놀랍다. 자신의 성격과 행동을 성찰하고 또 그것을 솔직하게 표현하는 것이 대견해 보인다.

"내가 태어나서 제일 슬펐던 일은 할머니가 돌아가신 것이다. 할머니와 할아버지가 나를 길러주셨는데…… 이제는 아버지와 살고 있다."

국어과 수업 활동지

        2학년 (　)반 (　)번 이름 (　　　　)
        제목　(○○○의) 자서전
        부제 (　　　　　　　　　)

1. 나의 태어남

_____

_____

_____

2. 어린 날의 성장 과정

_____

_____

_____

3. 초등학교 시절

_____

_____

_____

4. 중학교 시절

_____

_____

_____

5. 부모님이나 이웃 친구, 선생님께 받은 교훈
_____
_____
_____

6. 나의 고난
_____
_____
_____

7. 나의 슬픔
_____
_____
_____

8. 나의 기쁨
_____
_____
_____

9. 나의 삶에 대한 평가
_____
_____
_____

자신의 가정 환경에 대해서도 스스럼없이 이야기하는 아이. 이 교실에서 아이들은 솔직하고 건강하게 자신을 표현하고 있다. 말하는 사람이나 듣는 사람 사이에 흐르는 것, 바로 따뜻한 이해와 교감이다.

한 아이의 눈물, 친구들의 박수

다섯 명의 아이가 자서전 발표를 마쳤다. 교사가 이야기를 정리하면서, 마지막으로 더 할 사람 없냐고 물었다. 그때 교실 한가운데 앉아 있던 성찬이가 번쩍 손을 들고 앞으로 나온다.

성찬이는 칠판 턱에 자신의 자서전 보드를 놓을 자리가 없자, 이미 발표한 다른 친구의 자서전 보드를 내려놓고 한가운데 자신의 것을 세워 놓는다. 당당한 행동이 아주 자연스러워서 친구들과 참관자들까지도 웃음을 터트리게 한다.

이때 또 한 장면을 보게 되었다. 성찬이가 바닥에 내려놓은 보드를 교사가 들고 서 있는 것이다. 바닥에 내려진 제자의 이야기를 소중히 다루는 배려, 또다시 교사의 마음을 느낄 수 있었다.

성찬이는 "제가 발표할 제목은 '나의 슬픔'입니다"라고 말문을 열었다. "나의 첫 번째 슬픔은 어머니가 아픈 것이고……."

성찬이의 목소리가 흔들리기 시작한다. 예상치 못한 상황이다. 성찬이가 친구의 보드를 자연스럽게 내리고 모두가 즐겁게 웃었을 때만 해도, 뭔가 유쾌한 이야기가 나오지 않을까 내심 기대하고 있었는데 말이다.

성찬이가 아픈 어머니 이야기를 꺼내면서 교실 분위기는 숙연해진다. "나의 두 번째 슬픔은 그로 인해 아버지가…… 힘들어하시는 것입니다."

성찬이가 울먹이느라 말을 잇지 못한다. 소매에 눈물을 훔치는 아이의 등을 선생님이 말없이 토닥여준다.

"나의 세 번째 슬픔은…… 그런 어머니에게 아무것도…… 해드리지 못하는 것입니다."

성찬이가 고개를 떨구자, 반 아이들은 누가 먼저라 할 것 없이 친구를 향해 격려의 박수를 보낸다. 수업을 참관하고 있는 교사들의 얼굴에도 격려와 감동이 뒤섞인다. 눈가에는 눈물이 흐르고, 입가에는 미소가 감돌고…….

친구의 생각이 깊다는 걸 느꼈어요

"친구들의 자서전을 들었지요? 그 이야기들을 듣고 배운 것을 이야기해 볼까요?"

마지막으로 발표한 성찬이의 자서전이 모두의 마음을 크게 움직인 모양이다. 아이들이 성찬이의 자서전에 대해 한마디씩 한다.

"평소 부모님께 잘 해드려야겠다고 생각했습니다."

"성찬이 자서전이 굉장히 감동적이었고, 그동안 생각 못했는데 부모님에 대해 다시 한번 반성하는 계기가 되었습니다."

그리고 한 아이가 진지한 표정으로 말했다.

"친구의 생각이 깊다는 걸 느꼈습니다."

내 이야기를 쓰고, 친구의 이야기를 듣고, 그 이야기들을 통해 나를 돌아보고, 무언가를 배울 수 있다는 것이 이 수업에서 얻은 큰 수확이다.

중학교, 그것도 남자아이들이 이처럼 자신을 드러내고, 친구를 따뜻하게 격려한다는 것이 놀랍기도 하고 가슴 뭉클해지기도 한다. 학교가 폭력으로 얼룩지고, 상처받은 아이들이 서로를 괴롭히는 안타까운 현실 때문에 이 수업이 더욱 감동으로 다가오는지도 모른다.

아이들을 성장시키는 '나의 자서전'

우리는 종종 국어 수업에 대해 오해하기도 한다. 단락을 나누고 문장 구조를 파악하거나 질문과 대답 형식으로 논리를 읽어내는 데 익숙하게 하는 것으로만 생각하는 것이다. 하지만 우리가 국어 수업에서 추구해야 하는 것은 그것만이 아니다. 즉 국어 교육의 교재가 문학작품이든 비문학작품이든 교재 속에 있는 등장인물의 언동, 정경, 정서적인 표현 등에 집착한 정답주의에 머무는 게 아니다.

다양한 것을 읽어내고 서로 교류하는 가운데 학습자 한명 한명이 읽어내는 말들을 서로 엮어가는 것이 중요하다. 교재에 따라서는 말의 아름다움과 재미있는 논리가 만나면서 언어에 대한 감성을 풍요롭게 해가는 것이 무엇보다 중요할 것이다.

자신의 이야기를 친구와 나누며 친구의 표현을 통해 서로의 감성을 풍요롭게 만들어갈 때, 수업은 아이들에게 배움만을 주는 것이 아니라 치유까지 선물로 준다.

자서전의 사전적 의미를 정확하게 파악하지 못한들 이보다 더 아름다운 국어 수업이 또 있을까? 자신의 이야기를 솔직하게 쏟아내고 친구의 이야기에 귀 기울이며 그 감정을 공유할 수 있다면 그것만으로도 이 자서전 수업은 성공한 것이라는 생각이 든다.

한 아이가 자기의 슬픈 가정사를 털어놓으니까 다른 아이들이 박수를 치면서 격려하고, 교사는 아이의 등을 토닥여 끝까지 말할 수 있도록 힘을 준다.

여러 명의 아이가 자기의 이야기를 꺼내놓을 수 있었던 데는 교사에 대한 믿음이 있고, 친구들에 대해 열린 마음이 있기에 가능한 일이었다. 믿고 의지하는 선생님이 있으니까, 가슴으로 받아줄 친구들이 있으니까, 앞에 나와서 자신의 이야기를 할 수 있었던 것이다.

"오늘 이 단원의 제목이 뭡니까. 나를 키우는 자서전입니다. 여러분이 발표한 걸 들으니까 자서전을 통해서, 수업을 통해서, 배움을 통해서 성장한다는 걸 느꼈습니다. 나도 여러분과 마찬가지로 성찬이 발표가 마음이…… 성찬이 어머니를 잘 아는데 그래서 더 마음이 아픕니다. 여러분이 성찬이의 이야기를 듣고 자신을 보게 된 것, 이런 것이 글의 힘이요, 자서전의 힘이라고 생각합니다."

이순일 선생님은 국어 교육이 어떠해야 한다는 걸 알고, 그것이 아이들에게 잘 전달되도록 이끌었다. 단지 자서전이 무엇인가를 사전적으로 알게 하는 게 중요한 게 아니라, 나를 담고 나를 순화하고 나를 아름답게 성장시킬 수 있는 아름다운 표현을 하게 하는 것. 그것이 진정한 의미에서 '나를 키우는 자서전'이라는 것을 말이다.

교사들의 마음을 울리다

"중학생 아이가 자신의 아픈 속내를 솔직하게 표현할 수 있다는 게 정말 놀랍습니다. 성찬이가 울 때, 제 눈에도 눈물이 흐르더라고요."

이 수업을 본 교사들은 한결같이 눈물을 보인다. 중학교 남자아이들이 어떻게 저렇게 예쁠 수 있냐고, 안아주고 싶은 아이들이라고 말한다.

"우리 학교 아이들에게 자서전을 쓰라고 했을 때 이렇게 속마음을 드러낼까요? 평상시에도 의사소통에 어려움을 느끼고 있는데. 제 자신을 돌아보게 되네요."

그러면서 '이런 아름다운 수업을 만들 수 있는 것은 교사의 힘인 것 같다'고 덧붙였다.

이 반 학생의 절반 이상이 결손 가정, 궁핍한 가정이다. 그런데 이 반에는 왕따, 폭력이 하나도 없다. 문제아들의 배경에는 가정의 어려움이 있다고 하는데, 이 아이들은 어려운 환경에서도 어떻게 이처럼 건강하게 자라고 있을까.

이러한 배경에는 교사가 있었다. 이순일 선생님은 밤마다 가정방문을 하면서 아이들을 다독인다. 아이들의 형편이 어려운 걸 알고 아이들에게 관심을 보이며 챙겨주는 것이다. 학부모들도 아이들을 세심하게 돌보는 교사의 마음을 알기에 농사지은 거라며 감이니 배추를 가져다주기도 한다고 한다. 보기 드물게 정이 느껴지는 관계가 아닌가.

태어난 게 기쁜 이유는, 선생님!

아이들에게 선생님이란 과연 어떤 존재인가. 우리의 학창 시절을 돌아보아도 선생님의 영향은 대단했다. 선생님의 단 한마디가 선택을 바꾸게도 하고, 좋아하는 선생님 과목은 정말이지 열심히 공부했으니 말이다.

이순일 선생님의 마음을 아는 아이들은 선생님과의 만남을 뜻 깊게 여기고 있었다. 마지막으로 이어진 한 아이의 고백은 모두를 미소 짓게 하고 뭉클하게도 했다.

"저의 기쁨은 제가 태어난 것입니다. 제가 태어났기에 지금 이순일 선생님도 만날 수 있었다고 생각합니다."

세상에 태어나 기쁜 이유가 선생님과의 만남이라니. 아이에게 선생님이 어떤 존재일지 짐작이 갔다. 그 아이의 말에 이순일 선생님은 이렇게 화답했다.

"시인 양성우의 시에 '살아 있는 것은 모두 아름답다'는 구절이 있는데 동진이 말을 들으니 그 시가 생각나네요."

스승과 제자의 보기 좋은 화답이다. 마음을 자연스럽게 표현하고 그 마음을 안을 수 있는 교실. 감동과 교감이 있어 함께한 사람들의 영혼이 치유되는 수업이었다.

수업 4 : 직접 만든 실험 도구를 활용한 탐구

주제	물질이 입자로 이루어져 있음을 이해하고, 돌턴의 원자설을 설명할 수 있다.
수업의 흐름	1. 물질의 구성에 대한 연속설과 입자설의 차이를 이해한다. 2. [해 보기]를 통하여 물질이 입자로 이루어져 있음을 예상하게 한다. 3. 돌턴의 원자설을 통하여 물질이 원자로 구성되어 있음을 알게 한다.

오늘은 다를 거예요

중학교 가운데 가장 힘든 곳이 바로 여자 중학교다. 여학생들은 침묵 속에 배움을 포기하고, 배우려는 의지를 되찾는 게 남학생보다 느리다. 무표정한 아이, 수업 시간 내내 머리카락을 매만지는 아이들이 교사들을 무력하게 만든다.

공개 수업을 하는 2학년 5반은 이 학교에서 가장 힘든 학급이었다. 모든 선생님이 힘들다고 수업을 꺼릴 정도다. 수업 교사인 신기호 선생님은 공개 수업 전에 아이들과 약속을 했다고 한다.

"여러분이 공개하겠다고 하면 하고, 싫다면 공개 안 할 겁니다. 하지만 한번 새롭게 시작하는 기회로 삼아보는 게 어떻겠어요."

뜻밖에도 아이들이 하겠다고 했다는 것이다.

수업 시작 10분 전 공개 장소로 향했다. 듣던 것과 달리 아이들은 밝은 얼굴로 앉아 있었다. 한 아이에게 다가가 교과서를 보여 달라고 하니까, 보여줄 수 없다며 교과서를 끌어안았다.

"적어놓은 게 없어서 보여줄 수가 없어요. 그래도 오늘은 제가 잘할 거니까 걱정하지 마세요."

아이들도 선생님이 자기들을 걱정하고 있는 걸 알고 있었다. 그래도 힘들어 보이는 아이들이 있었다. 멍하니 앉은 아이들도 있고, 엎드린 아이도 두세 명.

오늘 수업은 물질의 구성입자에 관한 내용이다. 물질이 입자로 이루어진 것을 이해하고 돌턴의 입자설로 그 내용을 설명한다. 아이들이 배우기 싫어하고 힘들어하는 내용인데, 교사는 이 어려운 내용을 어떻게 풀어낼 건가. 그것도 가장 힘든 아이들이 있다는 교실에서.

설탕을 계속 쪼개면 어떻게 될까

수업을 시작하자 첫 번째 활동이 설탕 쪼개기다. 모둠에서 막자사발에 설탕을 부수게 한다.

"나눠준 건 커피 슈거예요. 설탕을 잘게 부수어보세요. 빠른 시간 안에. 에너지 넘치는 모습으로 잘게 부수도록. 평소 하던 대로 힘껏."

교사의 말에 아이들은 열심히 간다. 아이들 표정이 즐거워 보인다.

한 모둠에서 한 명이 갈고 세 명은 지켜보다 튀어나온 설탕 알갱이를 집어먹는다.

"계속 갈면 설탕은 어떻게 될까요?"

교사가 질문을 던진다. 이 질문은 수업 발문의 훌륭한 시작이다. 설탕 쪼개기를 수업의 주제로 잘 이끌어내고 있다.

"모둠에서 함께 이야기해 보세요."

아이들이 모둠에서 이야기해 보게 하는 것, 일종에 되돌리기다. 중요한 내용을 깊이 있게 논의해서 찾아보게 하는 것이다.

"날아가서 가루가 되지."

"없어지진 않을 것 같아. 있는 게 사라지면 이상하잖아."

모둠에서 의견이 분분하다.

"어떻게 되는지 발표해 볼 사람?"

"설탕 입자는 없어지지 않고 쪼개 가면 작아져요."

"혹시 다른 생각 있나요?"

"어느 정도 작아지다가 더 이상 작아지지 않아요."

"같은 이야기 아니에요? 다른 의견이에요?"

교사는 질문을 던져서 아이들에게 다시 확인을 시킨다.

"계속 작아진다, 어느 정도 되면 더 이상 작아지지 않는다. 이 두 가지는 다른 의견이에요, 같은 의견이에요?"

"다른 이야기예요. 하나는 쪼개지다가 더 이상 쪼개지지 않는다고, 또 하나는 계속 쪼개진다는 거예요."

수업의 시작이 훌륭하다. ㅈ도안에 나온 걸 보면서, 이 내용을 설명으로 풀어내려면 얼마나 길어질까 했는데, 교사는 '설탕 쪼개기'로 간단하게 아이들을 집중시켰다. 시작하기 전부터 엎드려 있던 2명과 3모둠의 3명은 별 반응이 없었는데, 활동을 하면서 일어난다.

입자론과 연속설을 연결시키다

"고대 그리스 철학자들도 물질이 무엇으로 되어 있는가에 대해 생각이 달랐어요. 대표적인 두 사람 데모크리토스와 아리스토텔레스가 물질에 대해 어떤 생각을 갖고 있는지 책을 정독해 봅시다. 그 다음 활동지에 적어보고 그 생각을 옆 사람과 나눠보세요. 주장한 사람이 누구고 주장한 내용은 무엇이고 주장의 근거는 무엇인지 세 부분으로 나눠서 이야기해 봅시다."

아이들의 두 의견을 고대 물질관 데모크리토스 입자론, 아리스토텔레스 연속설과 연결시켜 인식하도록 만든다. 훌륭한 연결 짓기다. 그런데 두 이론을 교과서에서 찾아 정리하도록 제시하자, 모둠의 아이들은 모두 고개를 숙이고 조용해진다.

교사가 책에서 찾아 이야기해 보라고 하면, 아이들은 이야기를 하기보다 책에서 찾아 적는 게 우선이 된다. 아이들이 정답을 찾으려는 강박관념을 갖고 있어서다. 아이들에게 아무리 이야기하도록 유도해도 활동지 빈칸만 보면 일단 열심히 적으려 한다. 그래서 수업 시간에 교과서를 덮게 하거나 활동지를 아예 백지로 나눠주는 교사도 있다.

이럴 때는 책으로 바로 들어갈 게 아니라 누구의 생각이 맞는지 다시한 번 이야기해 보도록 주제를 모둠으로 되돌리면 어떨까? 바로 책에서 답을 찾아 베끼는 것보다 깊이 있고 수준 높은 논의가 이루어질 것이다.

과학과 공개 수업 지도안

제 (2)학년 (5)반			수업자 성명	신기호
수업교과	과학	지도단원 물질의 구성 입자	일시	2012. ○. ○○. (7)교시

주제	물질이 입자로 이루어져 있음을 이해하고, 돌턴의 원자설을 설명할 수 있다.
수업의 흐름	1. 물질의 구성에 대한 연속설과 입자설의 차이를 이해한다. 2. [해 보기]를 통하여 물질이 입자로 이루어져 있음을 예상하게 한다. 3. 돌턴의 원자설을 통하여 물질이 원자로 구성되어 있음을 알게 한다.

1. 물질의 구성에 대한 연속설과 입자설의 차이를 이해하게 한다.
1) 설탕을 계속 쪼갠다면 무한히 쪼개져 없어지는 것일까? 아니면 더 이상 쪼갤 수 없는 작은 알갱이들로 되는 것일까? 학생들 각자 지지하는 결론을 발표하게 하고 고대의 물질관으로 연속설과 입자설을 도입한다.
2) 토의를 통해 입자설과 연속설의 차이점을 이해하게 한다.
① 입자설(데모크리토스) : 물질은 더 이상 쪼개지지 않는 원자로 되어 있으며, 물질 사이에는 빈 공간(진공)이 존재한다.
② 연속설(아리스토텔레스) : 자연계에는 빈 공간이 존재할 수 없으므로 물질은 연속적이며, 한없이 계속 쪼갤 수 있다.

2. [해보기]를 통해 물질이 입자로 이루어져 있음을 예상하게 한다.
1) 콩과 조를 섞은 후 전체 부피가 줄어든 이유를 토의하게 한다.
→ 이유 : 큰 입자인 콩 사이의 공간에 작은 입자인 조가 끼어들어갔기 때문이다.
2) 물과 에탄올을 섞는 실험을 2가지 방법으로 수행하게 하고 실험결과

를 통해 물질이 입자로 이루어져 있음을 알게 한다.
→ 이유 : 두 액체를 섞기 전에 합한 부피보다 부피가 작아졌다. 에탄올 분자 사이 빈 공간에 물 분자가 끼어 들어갔기 때문이다.
→ 위 두 실험을 통해 물질은 입자로 이루어져 있으며 입자와 입자 사이에는 빈 공간이 있음을 예상할 수 있다.
3) 물질이 입자로 되어 있음을 밝힌 보일의 J자 유리관 실험에 대해 토의한다.

3. 돌턴의 원자설을 통해 물질이 원자로 구성되어 있음을 알게 한다.
1) 원자설을 주장하게 된 배경인 질량보존의 법칙과 일정성분비의 법칙을 간단히 설명한다.

2) 원자설에 대하여 설명한 그림을 보고 내용을 토의하게 한다.

과학과 토의 학습지 9

Ⅱ-2 1. 물질을 계속 쪼개면

☞(생각 열기) 설탕을 막자사발에 넣고 계속 쪼개면 어느 정도까지 작아질까? 무한히 쪼개져 없어지는 것일까? 아니면 더 이상 쪼갤 수 없는 작은 알갱이들로 될까?

☞(토의) 고대의 물질관인 입자설과 연속설에 대하여 토의해 보시오.

1. 입자설
① 주장한 사람:
② 입자설의 내용:
③ 주장한 근거:

2. 연속설
① 주장한 사람:
② 연속설의 내용:
③ 주장한 근거:

■ (해보기) 두 물질을 섞었을 때 부피 비교하기

1. 콩과 조를 섞을 때

① 콩 50mL와 조 50mL를 합한 부피 : (　　　)mL

② 콩과 조를 섞었을 때의 부피 : (　　　)mL

③ 콩과 조를 섞은 후 전체 부피가 줄어드는 이유는 무엇일까?

2. 물과 에탄올을 섞을 때

[실험방법 1]

① 2개의 주사기를 준비하고 한쪽에는 물을 5mL, 다른 한쪽에는 에탄올을 5mL 넣고 주사기 안의 기포를 제거한 다음 고무 튜브를 이용해서 두 개의 주사기를 연결한다. 그리고 주사기를 서로 밀어 여러 번 섞어 준다.

② 섞은 후 부피의 변화가 있는가? 있다면 그 이유는 무엇이라고 생각하는가?

[실험방법 2]

① 물이 반쯤 담긴 시험관에 에탄올을 넣어 가득 채운 후, 엄지손가락으로 입구를 막고 시험관을 뒤집는다.

② 엄지손가락에 어떤 느낌이 오는가? 그 이유는 무엇이라고 생각하는가?

3. 위 [해보기 1, 2]를 통해 내릴 수 있는 결론은 무엇인가?

☞(토의 2) 물질이 입자로 되어 있다는 사실을 밝힌 보일의 J자 유리관 실험에 대하여 토의하시오.

1. 실험 내용
한쪽이 막힌 J자 유리관에 수은을 계속 넣으면 유리관 속 공기의 부피가 줄어드는 사실을 발견

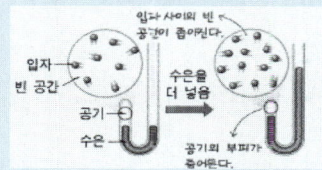

2. 실험 결론
공기는 입자와 그 입자가 운동할 수 있는 빈 공간으로 이루어져 있어 압력을 가하면 입자 사이의 빈 공간이 좁아진다.

☞(토의 3) 돌턴의 원자설에 대하여 토의하시오.

1. 원자설을 제안한 배경
당시까지 알려진 여러 가지 실험 결과(질량보존, 일정성분비 법칙 등)를 설명하기 위해

2. 돌턴의 원자설

①  → 물질은 더 이상 쪼갤 수 없는 원자로 구성되어 있다.

②  → 원자의 종류가 같으면 크기와 질량이 같고 원자의 종류가 다르면 크기와 질량이 다르다.

③ 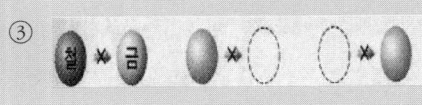 → 원자는 없어지거나 새로 생기지 않으며, 다른 종류의 원자로 변하지 않는다.

④  → 서로 다른 원자들이 일정한 비율로 모여 새로운 물질을 만든다.

☞ (점프) 고무풍선을 불어 공기 중에 오랫동안 놓아두면 풍선의 크기가 점점 작아진다. 이러한 현상을 입자설로 설명해 보자.

발표를 통해 모둠의 생각을 전체가 공유한다

"데모크리토스는 입자설이고 아리스토텔레스는 연속설을 주장했죠. 그 차이점을 알아보고 옆 사람과 서로 확인해 보세요."

교사는 이 가운데 잘 안 되는 아이에게 다가가 설명해 준다.

"데모크리토스는 연기를 가지고 예를 들었어. '연기를 피웠더니 공기 중으로 사라졌다. 그래서 공기 중에 빈 공간이 있고, 빈 공간 외에는 입자가 존재할 것이다'라고 생각했지. 아리스토텔레스는 신이 이 세상을 창조했는데 빈 공간은 있을 수 없다고 주장한 거야."

그리고 아이들에게 발표를 시켜서, 고대 물질관인 입자론과 연속설을 전체가 공유할 수 있도록 이끌어낸다.

"다연이가 아리스토텔레스의 주장에 대해 이야기해 볼까요?"

"물질은 연속적이며 한없이 쪼갤 수 있다고 주장했어요. 주장한 근거는 신께서 빈 공간을 만들 리 없다는 거였어요."

"그래요. 아리스토텔레스의 연속설의 핵심은 물질은 한없이 연결되어 있다는 겁니다. 그 사이 빈 공간이란 존재할 수 없는데, 그 이유를 신으로 돌렸어요. 신은 완벽하게 만들었으니 불완전할 리 없다는 거죠."

아리스토텔레스의 생각은 2천 년 동안 지배했는데, 그 연속설이 과학자들의 노력에 의해 무너졌다. 이것을 이번 시간에 실험으로 증명해 보기로 한다.

설탕을 가지고 고대 물질관으로 이끈 것은 수업의 연결 짓기를 굉장히 잘한 것이다. 첫 번째 질문이 핵심이다. '설탕을 계속 쪼개면 어떻게 될까?' 이 질문에서 고대의 물질관에 대한 이야기로 들어가서 아이들의 흥미를 불러일으켰다.

쓰기 활동이 없을 때 아이들의 이야기가 활기를 띤다

첫 번째는 실험하지 않고 교과서에 나와 있는 내용을 이해한다.

"메스실린더에 콩 50밀리리터, 조 50밀리리터를 준비해서 두 개를 섞었어요. 그러면 100이 되어야 하는데, 결과를 보세요. 아, 그래요. 약 87이 나왔어요. 100이 나와야 하는데 왜 87이 나왔을까. 잠시 생각해 보세요. 왜 그럴까, 자기 생각을 모둠별로 이야기해 보세요."

답을 적도록 하지 않았기 때문에 아이들의 이야기가 활기를 띤다. 적는 활동 없이 이야기하라고 하면 아이들은 모둠 안에서 자연스럽게 이야기를 나누고 그 속에서 배운다.

"자, 이유를 말해볼까요. 왜 87이 나올까요?"

"콩에는 빈 공간이 있어서 거기에 조가 들어가요."

"조에는 빈 공간이 없나요?"

"있어요. 조에도 빈 공간이 있긴 하지만 입자가 작고 콩의 공간이 넓어서 작은 입자가 큰 입자 사이로 들어가요."

아이들이 입자와 빈 공간의 관계를 이해하고 있다.

물과 에탄올로 입자론을 증명하다

"콩, 조는 우리 눈에 보여요. 빈 공간도 보이죠. 근데 우리가 알고자 하는 미시 세계에는 입자가 안 보여요. 이제 눈에 보이지 않는 입자를 실험을 통해 어떤 결론이 나올지 알아봅시다. 똑같은 실험인데 세 가지 방식으로 달리해서 할 거예요."

이번에는 물과 에탄올을 이용한 실험이다.

"물은 분자가 보여요?"

"아니요."

"안 보이죠. 물 분자 사이 빈 공간이 보여요?"

"아니요."

"메탄올 분자도 빈 공간이 안 보여요. 만약 빈 공간이 존재한다면 이 두 개를 섞었을 때 어떤 결과가 나와야 할까요. 한번 해봅시다."

메스실린더에 물 5밀리리터, 에탄올 5밀리리터를 넣는다.

"에탄올 5밀리리터, 물 5밀리터니까 얼마가 나와야 돼요? 빈 공간이 없다면 10이 나와야겠죠? 그런지 확인해 보세요."

활동 과정에서 한 명의 아이도 모둠에서 소외되는 아이가 없다. 실린더를 흔드는 아이, 관찰하는 아이, 모두 실험에 참여한다.

다만 물과 에탄올 섞기를 할 때, 물과 에탄올의 성격도 과학적으로 구분하면 좋았을 뻔했다. 물과 에탄올을 단순히 액체로만 보면 안 되기 때문이다. 여기에 대해 중간에 간단하게 한번 들어왔는데, 아이들에게 잘 전달이 된 것 같지가 않았다.

"실험 결과를 확인했으면 모둠에서 이야기를 해보세요."

한 모둠은 실린더를 흔들다가 조금 쏟았다. 그래서 원래 10밀리리터여야 하는데 쏟아서 오차가 크게 발생할 거라고 걱정을 한다. 물과 에탄올의 성질을 논의하는 모둠도 생겨나고 있다.

"와, 10밀리리터가 안 돼. 빈 공간이 있나봐."

한 모둠에서 발견한 것을 이야기한다.

"어떤 결과가 나왔죠?"

"에탄올이 가벼워서 날아가는 바람에 부피가 줄었어요."

그 밖에 다양한 의견이 나온다. 교사는 아이들의 다양한 의견을 듣고 정답을 내지 않는다. 다시 한 번 실험으로 돌아가서 모둠에서 알아볼 수 있도록 한다.

모둠의 이야기에서 연결 짓기, 되돌리기

"자, 에탄올이 날아갔다고 하는 친구도 있는데, 이번 실험에서는 에탄올이 날아가지 못하도록 만든 주사기를 이용할 거예요. 내가 새로 갖은 실험 기구인데, 피스톤 끝에 물과 에탄올을 집어넣어요. 둘 다 양은 5밀리리터예요. 자, 밀어보세요."

"우와!~"

교과서에도 없는 도구로 실험하는 것이 아이들은 재미있는 모양이다.

"물과 에탄올이 섞이죠. 몇 번 밀고 난 뒤에는 한쪽으로 몰아서 세워봐요. 빈 공간이 보이죠? 왜 빈 공간이 생겼을까, 모둠에서 토론해 보세요."

5밀리리터와 5밀리리터를 섞으면 10밀리리터가 나와야 하는데 빈 공간이 생겼다면, 그 이유는 무엇인가. 교사는 진공 상태가 생겨서 10밀리리터가 되지 않은 것을 아이들에게 다시 이야기하도록 한다.

모둠에서 이야기를 계속 끄집어내는 것이 훌륭하다. 과제가 나올 때마다 적게 하거나, 결과로 답을 알려주는 게 아니라 모둠 안에서 탐구하도록 만들어내는 것이 중요하다.

모둠에서 이야기를 나누어 왜 이 결과가 나왔는지 다시 한 번 알아보도록 하는 것은 어떤 효과가 있을까. 4명이 같이 실험하고 알아보지만 한 명이 답을 하면 나머지 아이들은 따라가기 쉽다. 그래서 답이 나왔을 때 다시 한 번 이야기하도록 해서 각자 다시 탐구하도록 하는 것이다.

진공을 체험한 아이들이 탄성을 지르다

"빈 공간이 정말 있는지, 있다면 어떤 느낌인지 직접 체험을 해볼 거예요."

실험관에 물과 알코올을 가득 채우고 교사가 설명한다.

"실험관 입구에 손을 대고 뒤집어요. 그럼 느낌이 올 텐데, 그 느낌을 느껴보세요. 진공이 생기면서 쫙 빨아들여요. 근데 물만 넣고 뒤집으면

아무 느낌이 없어요.'

아이들은 각자 가져온 실험관에 물과 에탄올을 넣고 손가락으로 입구를 누른다.

"우와, 선생님 됐어요."

큰 소리가 터져 나온다. 빈 공간을 느낀 아이들은 신기해서 어쩔 줄 모르는 얼굴이다. 아직 느끼지 못한 아이들은 부러운 듯이 그 느낌을 묻는다. 모둠에서 함께 논의하고 아이들이 직접 경험할 수 있도록 개인 활동까지 배려한 것이 돋보인다.

"자, 이제 마무리하겠습니다."

하지만 아이들 가운데는 주사기를 손에서 놓지 못하는 아이도 있다. 어떤 아이는 이미 진공을 몸으로 체험했는가 하면 어떤 아이는 왜 진공 상태가 되는지를 아직 이해하지 못하고 있었다.

진공에 대해 정확히 이해가 안 되고 자신이 실험한 결과가 아직 자신의 사고로 정리되지 못한 상태인 것 같다. 콩과 조의 실험을 통해 '큰 입자인 콩 사이의 공간에 작은 입자인 조가 끼어들어갔기 때문'이라는 이치를 물과 에탄올의 관계에도 적용해 보면 이해가 되는데, 그것이 연결되지 못한 것 같다. 현상을 보기는 보는데 뭔지를 모르고, 찾고는 싶은데 원리를 모르는 상태인 것이다.

과학 교과는 이치를 탐구해 가는 데 목적이 있다. 아이들의 실험이나 사고를 통해 스스로 작은 변화라도 자신들이 찾아내도록 하는 것이 좋다. 그리고 그 이치를 추구해 들어가는 것이 바로 과학적 탐구이다. 그런 면에서 시간이 부족한 것이 아쉽다.

만약 시간적인 여유만 있었더라면 주사기 실험으로 다시 한 번 되돌아가는 것도 좋은 방법이다. 다시 한 번 모둠에서 실험을 해보게 되면 아이들은 '빈 공간'으로서의 진공의 개념을 오늘 수업 내용뿐만 아니라 생활에서 볼 수 있는 진공으로도 발전시켜 가지 않았을까?

마지막에 쓰기 대신 되돌리기로

"실험 3번까지 마무리하고 마치도록 하겠습니다. 프린트 물 뒷면 돌려보세요. 실험방법 세 번째에 대한 토의문제가 있어요. 방금 실험한 효과에 대한 느낌이 어땠는지 적고, 왜 그런 느낌을 받았는지 서로 이야기해 보세요. 자기가 못 느꼈으면 옆 사람의 이야기를 들어보세요."

"난 느낀 게 없는데."

"그 이유는 뭐라고 해야 되지."

모둠에서 서로 이야기를 주고받는다.

"오늘 세 가지 방법으로 물과 에탄올 실험을 해봤는데 오늘의 결론을 자기 언어로 적어보세요. 실험을 세 번 했는데 내린 결론이 뭔지. 그걸 적고 수업 마치겠습니다."

결론을 적는 것으로 마무리하는 것은 좀 아쉬운 부분이다. 한 가지 결론만 나온 게 아니기 때문이다. 또 이 수업에서 중요한 건 실험의 결과가 중요한 것이 아니라 그 결과에 어떻게 도달했고 그 과정에서 깨닫는 과학적 이치가 중요한데, 결론만 강조한 셈이다.

가령 콩과 조를 섞을 때는 활동이지만 구체적인 의미를 가진 건 아니고 활동을 위한 전조에 불과하다. 조과 콩을 섞을 때 구체적으로 탐구하는 것이 주제다. 여기서 원자하고 돌턴까지 들어가야 되는데, 거기까지 가지 못하고, 원자 한 가지만 하고 멈췄다. 여러 가지 활동을 경험하다보니 시간이 부족해서다.

물론 한 시간 안에 똑같은 현상을 여러 각도에서 실험하도록 만든 것은 반복적인 것 같지만, 아이들에게 하나의 현상을 여러 각도에서 확인시킨다는 면에서는 장점도 있었다.

매시간 실험 도구를 준비한다

"수업 시간에 들어가도 애들이 엎드려 있고 거부당하는 느낌이 들었어요. 근데 오늘 보니까 이렇게만 수업이 되면 얼마나 좋을까 싶네요. 이렇게 잘 들어주고 아이들이 수업에 집중하는 모습, 정말 처음 봅니다."

수업을 마친 신기호 선생님의 고백이다.

여학생들은 읽는 것도 싫어하고 생각하기도 싫어하고 발표는 더 싫어한다. 토의도 잘 참여하지 않는다. 더군다나 과학은 여학생들이 기피하는 과목이다.

교사가 고민 끝에 수업 시작과 함께 내민 카드가 '설탕 쪼개기'였다. 미시 세계에 대한 개념이 전혀 안 돼 있는 아이들에게 입자라는 개념을 심어주기 위해 준비한 것이다. 처음에 수업 분위기가 만들어지니까 아이들의 눈빛도 달라졌다.

참관한 선생님들은 아이들의 모습을 보고 여간 놀란 게 아니었다.

"오늘 아이들 보면서 정말 행복했습니다. 5반이 이럴 수가. 6교시 다 하고 들어와서 처음에는 피곤했는데 아이들 보면서 에너지가 차올랐어요. 좋은 수업은 사람의 기를 채우는구나, 느꼈습니다."

"저는 수학을 가르치는데 제 시간에 한 번도 웃은 적 없었던 성이가 해맑게 웃는 모습을 보고 뭉클했어요. 실험 도구도 열심히 나르고 눈을 반짝이며 웃더라고요. 그렇게 진지하고 해맑은 얼굴은 처음 봤어요."

교사들도 느끼듯이 이번 공개 수업은 아이들에게 변화를 가져왔다. 그 효과를 유지하려면 적어도 한 달 동안은 교사들이 관심을 갖고 아이들을 칭찬해 주는 것이 좋다.

"너희가 그 어려운 과학을 그렇게 잘하다니 정말 놀랐다."

이렇게 칭찬해 주면 아이들은 자신을 다시 보고 마음을 가다듬게 된다.

만약 아무런 실험도 없이 교사의 설명만 이어졌다면 수업은 어땠을까. 아마 아이들은 거의 다 잤을 것이다. 그리고 개인 활동이었으면 수업이 잘 되기 어려웠을 것이다. 그래도 4명이 하니까 이 이야기 저 이야기가 나오고, "설탕을 가니까 가루가 되겠지" "나중에는 없어져" 등의 이야기가 나오는 것이다.

이 수업에서 특히 감동적인 것은 교사다. 늘 성실하고 수업에 최선을 다하는 교사를 동료들도 잘 알고 있다.

"신기호 선생님은 교과서에 없는 실험도 만들어서 해요. 교과서에 없는 실험 도구도 만들어서 준비합니다. 사실 실험 한 번 하려면 준비하고 정리하면서 두세 시간 이상 걸립니다. 그런데 늘 과학실에서 실험 기구를 만들어 애들한테 보여줍니다. 과학 선생님 입장에서 부끄럽고 정말 존경합니다."

한 교사는 수업이 끝난 뒤 직접 진공을 실험해 봤다고 한다.

"실험을 해보니까 몸에 정확하게 체험이 와 닿았어요. 아, 체험한 수업은 잊히지 않겠구나 하는 확신이 생기더라고요."

이 수업에서 아이들이 입자에 대해 얼마나 이해했는지는 알 수 없다. 이해가 안 된 아이들도 있을 수 있지만, 선생님이 얼마나 최선을 다해 준비하고 가르치려 했는가는 기억하게 될 것이다.

　아이들은 모르는 것 같아도 교사가 얼마나 수업을 열심히 준비하는지, 교과서에도 없는 과학 도구까지 만들어서 수업에 활용하려고 얼마나 노력하는지 안다. 선생님이 최선을 다하고 성실한 만큼 아이들도 느끼는 것이다. 그게 아이들에게 배움이 되고, 그것이 아이들의 삶을 바꿔 내는 동력이 된다.

3

초등학교
: 서로 귀 기울여 듣고 배우다

요즘 초등학교 교사들은 학습 분위기를 만들기 어렵다고 말한다.

"우리 반 아이들 가운데 반 이상이 ADHD인 거 같아요. 애들이 말도 못하게 산만합니다."

실제로 초등학교에 가보면 아이들이 안정돼 있지 않은 교실을 종종 만나게 된다. 무엇을 해야 할지 모르는 아이들은 자신이 힘들다보니까 수업을 망가뜨린다. 일부러 망가뜨리려고 하는 게 아니라 뭘 모르니까 자신도 모르게 분위기를 산만하게 만들며 방해를 하는 것이다.

지금 5, 6학년의 경우 문제가 심각하다. 5, 6학년 교실에 가보면 아이들이 마치 중학교 3학년같이 다 포기한 듯한 표정을 짓고 있다. 배움의 의미를 상실한 채 먼 산 바라코고 멍하니 앉아 있는 아이들이 발생한다.

교사들은 산만한 아이들에게 대응하다가는 다른 아이들까지 수업이 안 되니까 그 아이들을 포기할 수밖에 없다고 하소연한다. 고작 초등학생인데, 벌써 수업에서 소외당하고 천장만 보고 있는 아이들. 그러다 한 번씩 다른 아이들을 찌르는 등의 행동으로 자신의 존재를 알리고, 결과적으로 수업을 방해하는 존자로 인식된다.

초등학생들을 천방지축이라고 여기는 만큼 이를 통제하지 않으면 안 된다고 생각하기도 한다. 아이들이 산만하니 큰소리로 이야기하지 않을 수 없고, 박수를 세 번 치지 않으면 아이들 시선이 집중되지 않는다고 한다. 그래서 박수 치고 종치고 온갖 장치를 동원해서 수업을 이끌어 간다. 아이들의 목소리는 점점 더 커지고 이 아이들을 다잡는 소리도 더 커져간다. 악순환인 셈이다.

과연 초등학생들과 차분하게, 조용히 수업을 진행하는 것은 불가능한 일일까. 그렇지 않다. 아이들도 배우는 일에 집중하면 다른 사람의 이야기에 귀를 기울인다. 교사의 말에 귀 기울이고, 친구의 말에 귀 기울인다.

초등학교에 희망이 있는 것은 중·고등학교 교사들에 비해 초등학교는 교사들의 변화가 더 빠르다는 점이다. 하루 종일 한 반의 아이들을 보니까 아이들을 관찰하는 것도, 그 변화를 잡아내는 것도 빠르다.

초등학교에서 교사가 아이들과 소통하는데 가장 중요한 역할은 무엇일까. 먼저 아이들의 말에 귀 기울여주는 것이다. 그리고 차분하게 말하는 것이다. 마치 불가능한 주문처럼 들릴지도 모른다. 그러나 차분한 듣기, 말하기를 실천한 교사들의 수업이 아이들을 바꿔내고 있다.

수업 5 : 차분하게 듣고 교재와 연결 짓기

주제	나누는 즐거움(5/6, 읽기:89~94) 글쓴이가 추구하는 가치를 파악하며 참여를 바라는 글 읽기
수업의 흐름	1. 전 차시에서 학습한 내용 상기해 보기 　- 활동 가입을 권유하는 짧은 문장들 보며 각자가 활동한 것을 다시 생각해 보기 2. 글을 읽기 전에 '채식' 하면 떠오르는 생각이나, '채식'에 대해 알고 있는 것이 있으면 이야기하기 　- 활동지를 통해 내가 알고 있는 것 확인하기 3. 본문 내용 읽기(돌아가며 소리 내어) 4. 모둠에서 나누었던 이야기를 전체가 공유하기 5. 글쓴이가 추구하는 가치(채식)에 대해 어떻게 생각하는지 의견 나누기 　- 나는 채식에 어느 정도 참여할 수 있는가? 　- 육식은 어떤 방식으로 하는 것이 좋겠는가? 6. 채식에 대한 나의 생각을 간단하게 글로 써보기

수업의 시작, 조용히 두 친구를 기다리다

"아직 두 친구가 안 왔는데, 친구들이 자리에 앉을 때까지 조금만 기다립시다."

잠시 침묵이 흐른다. 두 아이가 앉을 때까지 교사도 아이들도 조용하다.

보기 드물게 차분한 시작이다. 수업을 시작하는데 아이가 아직 교실에 들어오지 않았다면 일반적으로 교사는 어떻게 대처하는가.

"누가 지금 없는 거지?"

"빨리 어디 있는지 찾아와라."

"수업 시작하는데 뭘 하고 있는 거야."

이처럼 소란이 일어날 것이다. 그러면 아이가 들어와서도 술렁임이 한동안 이어지고, 교사는 아이들을 조용히 시키기 위해 소리를 치는 등 주의를 주게 된다. 그런데 이 수업에서는 차분한 목소리로 '기다리자' 한마디만 하고 더 이상 아무 말도 하지 않았다. 그러니까 아이들도 조용히 기다리는 것이다.

교사가 말을 하면 아이들은 더 많은 말을 하게 된다. 교사는 아이에게 대응해야 하지만 언어만이 대응은 아니다. 기다림도 대응이다. 흔히 교사들이 잘 못하는 것이 기다리는 대응이다. 그래서 말로 대응을 하다 보면 말이 꼬리에 꼬리를 물어서 본론에서 벗어나는 경우가 많다.

조용히 기다리니까 차분하게 수업으로 이어진다. 만난 지 채 두 달도 안 됐는데 이미 교사가 아이들을 품어내고, 교사와 아이들 사이에 차분하고 돈독한 관계 맺기가 이루어진 것이 보인다.

지난 수업 결과를 공유하다

"수업하기 전에 사진을 보여줄게요. 저번 시간에 했던 거예요. 누가 만든 거죠?"

"동원이요."

"무슨 동아리 참여하라는 거예요?"

"밴드부요."

"우리가 각자 좋아하는 분야에서 동아리를 만들어 참여하는 글쓰기를 했어요. 이거 하기 전에 뭘 읽고 이걸 썼죠?"

"「판소리부에 들어오세요」라는 글을 읽고요."

"글쓴이가 추구한 가치가 뭐였죠?"

"전통 문화를 지키자, 판소리를 이어가자."

"'추구하는 가치'라는 말이 어려우니까 다르게 바꾼 말 생각나요?"

"목적, 중요한 것, 원하는 것이요."

"오늘도 글을 하나 읽고 글쓴이가 추구하는 가치, 중요하게 생각하는 것은 무엇인가 알아볼 거예요. 글을 읽기 전에 활동지를 나눠줄게요."

아이들은 ㄷ자로 앉아 얼굴을 마주 보고 있다. 주제는 글쓴이가 추구하는 가치를 파악하며 글 읽기다. 황은복 선생님은 수업 시작과 함께 지난 시간에 만들어놓은 영상을 보여주며 수업을 이끈다. 자신의 동아리에 참여를 권유하는 문장을 읽고 글쓴이가 중요하게 생각하는 것, 가치가 무엇인지 파악해보는 내용이다. 지난 시간에 이어 오늘의 수업 주제를 인식시키고, 지난 시간의 배움과 오늘 배울 것을 연결시키는 것이 자연스럽다.

수업의 주제를 질문으로 던지다

"활동지를 보세요. 선생님이 읽어볼 테니까 '읽기 전' 괄호에 ○, ×, △로 표시하세요. 선생님이 여러분 생각이 어떤지 궁금해서 그러니까 한 번 대답해 보세요."

황은복 선생님이 책을 읽기 전에 아이들의 생각을 묻는다. 아이들의 의견을 들은 뒤 "책을 보면 더 잘 알 수 있겠네요" 하고, 한 단락씩 나눠 읽게 한다.

처음부터 읽기에 들어가는 게 아니라 읽기 전에 질문으로 주제를 던진 다음에 글 읽기로 연결시킨다. 그리고 3가지를 탐구하고, 채식에 대한 나의 생각을 찾는다.

식탁 위의 작은 변화

6학년 1반 이름 :

★ 글을 읽기 전

'식탁 위의 작은 변화'는 채식에 참여를 바라는 내용의 글입니다. 아래 문장을 읽고 자신의 생각에 따라 그렇다 하면 ○를, 아니다 하면 ×를, 잘 모르겠으면 △를 표시하세요.

읽기 전		읽은 후
( )	채식은 건강에 좋다.	( )
( )	즉석 식품(라면)도 채식에 포함된다.	( )
( )	운동선수나 성장기 어린이는 고기를 먹어야 한다.	( )
( )	육식을 하면 환경 오염이 심해진다.	( )
( )	육식을 많이 하는 것은 굶주리는 아이들을 더 굶주리게 만드는 것이다.	( )

'식탁 위의 작은 변화'를 읽고 나서

육식을 하면 환경 오염이 심해진다?	
육식을 하는 것은 굶주리는 아이들을 더 굶주리게 만드는 것이다?	
운동 선수나 성장기의 어린이는 고기를 먹는 것이 좋다?	

'채식'에 대한 나의 생각

이 3단계는 단순히 답만을 찾으려는 게 아니라 아이들이 탐구하고 생각하게 하는 디자인이다. 주제를 던지고, 아이들이 텍스트를 읽으면서 주제를 탐구하고, 이것을 가지고 나의 생각을 만들어내는 것이다.

그리고 황은복 선생님이 책 읽기를 시킬 때 놀라운 점을 발견했다. 내가 '이 아이가 힘들구나' 생각하면 이 아이 이름을 불러서 읽기를 시키고, '저 아이가 힘들구나' 생각하면 저 아이 곁에 가서 살펴주고 있었다. 혜원이 같은 경우는 수업에 집중하지 못하고 엉뚱한 짓을 계속했는데, 책을 읽고 나서는 달라졌다. 수업에 집중하지 못했던 서너 명의 아이들이 책을 읽으면서 수업 속으로 들어왔다. 교사가 아이들을 잘 관찰하고 돌보면서 수업 분위기를 바꾼 것이다.

교재와의 만남을 통해 배움을 깊게 만들다

"다시 한 번 활동지를 볼까요. 첫 번째 건강에 좋다, 아니다가 있어요. 그 다음 질문 3가지는 지금 동그라미를 치지 않고 식탁 위의 작은 행복을 읽고 하세요. 먼저 모둠끼리 써보고 발표할게요. 모둠을 만들어볼까요."

모둠에서 아이들이 이야기를 주고받는다.

"소가 풀을 먹잖아."

"근데 그게 왜 환경 오염이지?"

"고기를 구우면서 기름이 많이 나오잖아. 그 기름을 버리면 음식물 쓰레기가 돼서 환경 오염이 돼."

다른 모둠에서는 빈칸에 답을 적느라 바쁘다.

"먼저 쓰는 사람이 있는데 이야기하고 나서 쓰세요."

쓰기에 들어가는 아이들을 교사가 모둠 활동으로 돌려준다. 그리고 아이들에게 질문을 던진다.

"육식을 하면 환경 오염이 심해진다는 항목이 있지요. 그렇다, 아니다, 모르겠다."

"'그렇다'입니다. 목초지와 양계장에서 발생한 오염은 토양과 물을 오염시키고 가스는 대기를 오염시킵니다."

"그 내용은 어디서 알았어요?"

"책에서 찾았어요."

"아, 책에서? 몇 쪽이죠? 여기 있네요."

텍스트로 연결시키는 것이 훌륭하다. 국어 교육 안에서는 교재와 끊임없이 만나게 만드는 것이 중요하다. 교재를 많이 만날수록 텍스트를 읽어내는 능력이 커지기 때문이다.

근거를 찾도록 돕는 연결 짓기

교사가 '어디에서'라고 물으니까 아이들이 '교과서'라고 대답한다. 그러자 교사가 "그럼 다 같이 보자"라고 한다. 교사의 질문과 대응, 연결 짓기가 훌륭해서 아이들이 배우는 단계 단계가 섬세할 수밖에 없다.

'어디에서'라는 질문은 매우 중요하다. 가령 '왜 그렇게 생각하지?'라는 질문은 대답하기가 어렵다. 그러나 '어디에서 보았어요?'라는 질문은 '무엇을 통해 알게 되었느냐'는 그 근거를 물어본 것이다. 수업에서 근거를 찾아가니까 아이들이 엉뚱한 이야기를 하지 않게 된다.

처음 지도안을 받았을 때 3가지 질문이 교과서와 연결된다고 생각하지 못했다. 그런데 아이들이 끊임없이 책을 찾는 것을 보면서 알게 되었다. 그리고 아이들이 책에서 찾은 이야기를 근거로 끊임없이 이야기를 이어갔다. 그것이 가능하도록 한 것은 교사의 질문과 대응 방식에 있다.

보통 아이들의 대답에 "어, 맞다. 다른 사람" 하면서 내용만 이어지면 연결이라고 생각한다. 그러나 그것은 연결 짓기가 아니다. 내용과 내용이 이어지고, 지식과 지식이 이어지고, 관계와 내용이 이어지는 것이 바로 연결 짓기다. 이것이 잘될 때 수업은 깊이를 더해간다.

초등학교 아이들은 단편적인 지식의 근거를 "뉴스에서 들은 것 같다" "엄마가 말했다" "교과서에서 봤다" 등의 대답을 잘한다. 아이들의 말을 들을 때마다 느끼는데, 교사들이 생각하는 것보다 아이들은 아는 것이 많다는 것이다. 단지 정확하게 알지 못하고 단순한 정보로만 지니고 있는 것이다. 이때 아이들의 다양한 정보를 깊이 있는 배움으로 연결시켜 주는 것이 타자인 교사 또는 친구와의 대화다. 가령 생태, 환경에 대해 모르던 아이들이 새만금 이야기가 나오면 이야기를 만들어간다. 아이들의 생각을 주제와 연결시키고 친구와 연결시켜 주는 것이 바로 교사의 연결 짓기 역할이다.

아이들의 이야기가 주제에서 벗어나지 않도록 하기

초등학생들은 이야기하다 보면 곁길로 잘 샌다. 아이들은 자기 삶 속에서 경험한 것들을 갖다놓으면서 가족, 친척, 옆집 아저씨 이야기까지 생각나는 대로 이야기한다. 중학생 정도만 돼도 이런 이야기는 하지 않는데, 초등학생은 맥락이 맞는가 맞지 않는가는 생각하지 않고 비슷한 이야기는 다 꺼낸다. 교사는 수업 목표가 있고 갈 길이 있는데, 아이들은 여기도 들렀다 가고 저기도 들렀다 가자는 식이 된다.

마지막에 '채식에 대한 나의 생각'을 이야기하다 아이들이 '지방이 살이다 아니다'로 주제에서 벗어나려 한다.

이때 교사는 이 이야기들을 어떻게 정리할 것인가. 교사가 아이들의 이야기에 귀 기울이는 것은 중요하지만 본질을 놓치면 안 된다. 다행히 교사는 아이들의 이야기를 '식물성과 동물성 지방'으로 나누어 정리하며 다시 주제로 되돌려놓았다. 이는 초등학교 수업의 어려운 점이기도 한데, 아이들의 이야기를 들어주면서도 핵심을 놓치지 않는 것이 중요하다.

교육과정을 이해하고 교재 만들기

오늘 수업에서는 글쓴이가 무엇을 이야기하고자 하는가, 어떤 가치를 가지고 있는가를 알아내는 시간이다. 초등학교 6학년 국어 '사실과 관점' 단원에서 중요한 차시이다. 수업의 흐름에서는 이 주제를 어떤 활동으로 접근해 갈 것인지가 명확하게 제시되어야 한다.

'식탁 위의 작은 변화'라는 글을 읽고 찾아내야 하는 것은 글쓴이의 가치다. 마지막에 '채식에 대한 나의 생각'이 이번 차시에서 추구하는 배움, 목표와 연결 되려면 나의 생각만 갖고 가선 안 된다. 나의 생각에 글쓴이의 가치를 함께 생각하고 '나의 생각'과 비교해야 한다.

앞에서 글쓴이가 이야기한 3가지(건강, 환경, 생명)를 가지고라도 글쓴이는 무엇을 이야기하고 싶은가, 글쓴이는 어떤 입장인가, 그것을 다시 교재와 만나게 해도 된다.

교사는 글쓴이의 가치를 생각하고 글을 읽었기 때문에, 그 글을 읽고 나면 아이들도 '나의 생각'이 만들어진다고 생각했다. 그런데 아이들은 글쓴이의 가치라는 관점은 빠지고 '나의 생각'만 들어가버렸다. 결국 교재와의 연결 짓기가 생략된 채 자신만의 생각으로 정리되어 버렸다. 교재와 글쓴이의 가치를 연결 짓고 글쓴이의 가치와 나의 생각을 연결 짓는 것이 같아야 한다는 게 아니라 같을 수도 다를 수도 있음을 아는 것이 중요하다.

분명하게 해줘야 하는 것은 글쓴이의 관점은 무엇이고 나의 관점은 무엇인가를 생각하는 것이다. 그리고 나서 '내 생각은 이렇다'라고 점프할 수 있다.

전체적으로 교재를 끄집어내고 활동지대로 진행이 잘 되었지만, '나의 생각'을 쓰면서 아이들이 혼란을 느꼈다. 글쓴이의 가치 파악보다 자기 생각이 강조되다 보니 아이들은 채식을 해야 한다고 강요하는 것으로 받아들인 것이다. 그래서 아이들이 빨리 못 써내고, "한 달에 두 번만 고기를 먹고 쌈을 싸서 먹는다"는 등의 이야기로 흘러버렸다. 책의 내용이 채식을 하자는 걸로 받아들여 압박감을 느낀 모양이다.

이 문제는 교과서, 교육과정의 문제이기도 하다. 교육과정에서는 '글쓴이의 가치를 파악하라'인데, 교과서에서는 '자기의 각오를 쓰자'라고 연결되어서 아이들은 채식하자는 내용으로 이해해서 혼란스러워진 것이다. 그래서 교사는 교육과정을 이해하고 교재를 어떻게 만들어갈 것인가에 대한 고민이 필요하다.

차분한 교실에서는 배움이 일어난다

수업이 차분하게 시작되어 잘 진행되겠다는 느낌이 있었다. 예상대로 교사의 목소리도 편안하고, 아이들의 이야기에 잘 귀 기울였다. 교사를 따라 아이들도 듣기가 되니까 텍스트를 읽어내는 능력으로 이어졌다. 아이들이 읽은 분량이 몇 페이지나 되는데, 이 많은 양을 읽으면서 엉뚱한 짓을 하는 아이가 없었다.

　아이들 한명 한명을 보니까 교사가 잘 돌보지 않으면 수업에 참여하지 못할 아이가 많았다. 그런데 만난 지 두 달도 채 안 됐는데 교사가 아이들을 다 품은 것이 보였다.

　처음부터 주목했던 진호는 이 말 했다 저 말 하고, 주변을 신경 써서 자기가 했던 말을 기억 못했던 것도 같다. 딴지를 걸고 문제 있는 듯이 보였지만, 가만히 보니 사춘기인 듯했다. 사춘기가 되면 뛰어나고 싶고 사람들하고 관계 맺고도 싶지간 피하기도 한다. 의견을 내면서도 누군가 눈 맞추는 걸 피한다. 그러면서도 진호는 모둠 안에서 활약을 했다. 이야기도 잘하고, 적어내는 것도 잘했다.

　무엇보다 초등학교 교실에서 소리 한 번 안 지르고 수업하는 것이 놀랍다. 그만큼 차분하고 안정된 수업이었다. 박수를 치거나 어떤 장치도 없이 아이들이 수업에 집중하는 데서 무엇을 알 수 있는가. 아이들이 타율적으로 움직이는 존재가 아니라는 것이다. 스스로 할 수 있는 능력을 가지고 있는데, 우리가 성급하게 아이들을 판단한 건 아니었을까.

　수업 디자인을 3단계로 진행했는데, 3단계 과정에서 제일 훌륭한 건 아이들이 텍스트를 읽어냈다는 점이다. 친구가 읽는 소리를 들으며 따라가고 긴 분량을 흐트러짐 없이 읽어냈다. 모둠 안에서 다시 책을 뒤져가며 세 문제를 거의 10분 동안 했는데, 그때도 분위기가 흐트러지지 않았다. 급히 적기도 하고 아이들끼리 탐구해 가며 10분 동안 이야기를 나눴다는 것, 초등학교에서 보기 드물게 집중하는 수업 풍경이었다.

수업 6 : 교과서 문제를 활용하여 매력적인 문제 만들기

주제	분수는 무엇인가
수업의 흐름	1. 선을 그어 분수를 표시해 보자. 2. 진분수를 이해하고 찾아보기 3. 도구를 이용해서, 음료수 한 통의 $\frac{4}{5}$를 만들기

분수를 배우는 느낌을 말해보세요

초등학교 4학년 분수를 배우는 일차시 수업이다. 수업이 시작되자 임성현 선생님이 묻는다.

"이번 시간에는 분수란 무엇인가 배워볼 텐데, 2, 3학년 때 배워본 친구? 많이 배웠네요. '분수를 배운다니까 느낌이 이렇다' 발표할 사람 있어요?"

"전에는 어려웠는데 이제 분수를 한다니까 쉬울 것 같아요."

"더 많은 것을 알 수 있을 것 같아요."

"어려울 것 같아요."

아이들이 저마다의 목소리로 분수를 기억해 낸다.

"분수는 여러분이 생각하는 것처럼 사실 어려운 학문이 아니에요. 어려워하는 친구들이 있어서 하는 말이에요. 수학책에 문제를 풀기 위해 만들어진 학문도 아니에요. 예전부터 일상 생활에서 쓰기 위해 만들었어요."

4학년에서는 오늘이 분수를 배우는 첫 시간이지만 이미 아이들은 2학년과 3학년에서 분수의 의미를 경험했다. 교육과정의 구성상 아이들은 분수에 대해 알고 있는 것이다. 4학년을 가르치지만 초등학교의 전체 교육과정을 꿰뚫고 있는 교사의 질문이 훌륭하다. '쉽게 생각하고 있는가, 어렵게 생각하는가'를 알아본 것은 4학년에 처음 분수를 배우는 게 아니라는 질문이다. 예전에도 배웠으니 교과서를 활용한 문제로 나아갈 수도 있는 것이다.

분수는 일상 생활에서 나왔어요

"분수는 언제 처음 쓰기 시작했을까요?"

"기원전 3,300년 전" "원시인" 등 다양한 대답이 나온다.

"어느 나라에서 분수를 썼을까요?"

아이들은 자기가 아는 나라들을 대답한다.

"분수는 지금으로부터 3천 년 전에 쓰기 시작했어요. 스핑크스와 피라미드가 유명한 나라가 어디죠?"

"이집트요."

"이집트에 흐르는 나일 강에서 사람들은 함께 농사 짓고 함께 거두는 공동 경작을 했어요. 똑같이 일했으니까 똑같이 나누었어요."

교사는 사각형 색종이를 주면서 이야기한다.

"색종이와 같은 사각형 모양의 논을 같이 일하고 나누려고 해요. 네 명이 싸우지 않으려면 어떻게 나눠야 할까요. 나와서 한번 표현하는데, 각자 생각대로 접어서 만들어보세요."

아이들이 다양한 방법으로 색종이를 접어서 분수의 개념을 익히도록 한다.

분수 활동지

4학년 2반 ( )번 이름:

1. 분수를 표시해 보자!

① $\dfrac{3}{5}$ 을 표시해 보세요.

② $\dfrac{5}{8}$ 를 표시해 보세요.

2. 진분수를 모두 찾아 O 표 하세요.

$\dfrac{1}{2}$ $\dfrac{3}{4}$ $\dfrac{7}{6}$ $\dfrac{3}{3}$ $\dfrac{1}{5}$ $\dfrac{3}{6}$ $\dfrac{2}{3}$

3. $\dfrac{3}{4}$ 을 맞혀라!

요즘 4학년 2반 배우는 모습이 너무 예뻐 선생님이 선물을 주려고 합니다. 맛있는 쿨피스인데요, 단, 조건이 있어요. 문제를 푸는 모둠만 쿨피스를 먹을 수 있습니다. 모둠별로 선생님이 쿨피스를 한 팩씩 나눠줄 거예요. 정확히 쿨피스 한 팩의 $\frac{3}{4}$만큼 나눴다고 생각하는 모둠은 앞으로 가지고 나와 선생님 책상 위에 있는 '정답을 확인하는 컵'에 따라 보세요. (도구는 교실 안에 있는 어느 것이나 사용해도 됩니다!) 쿨피스를 따른 후 '정답을 확인하는 컵'에 그려진 붉은 선에 도착하면 성공! (넘치거나 모자라면 안됩니다!) 성공했으니 가져가서 사이좋게 4명이 나눠 먹는 일만 남았네요.

* 위의 3번 문제 $\frac{3}{4}$은 실제 공가 수업에서는 $\frac{4}{5}$로 바뀌었다. 분모가 짝수일 때는 아이들이 잘 찾는 것 같다고, 교사가 고민 끝에 바꾼 것이다. 아이들의 배움을 세심하게 배려하는 것이 훌륭하다.

분모의 특징을 생각하게 하는 기발한 문제

"지금 학습지를 나눠줄 텐데, 모둠을 만들어서 해결해 보세요."

교사는 분수의 의미를 이집트 벽화를 활용하여 설명하고, 아이들에게 활동지를 건넨다.

활동지의 1번은 긴 직사각형 모양의 띠에 5분의 3을 표시하는 것이다. 다른 학교에서도 이 문제를 본 적이 있다. 보통 이 문제는 1, 2초 안에 해결되는 문제이다. 그런데 오늘 수업에서는 아이들이 이 문제를 금방 해결하지 못한다. 같은 문제인데 왜 학교마다 차이가 나는 걸까? 다른 학교에서는 1분도 걸리지 않는 문제를 이 아이들은 왜 이리도 못하는 것일까?

그 의문은 곧 풀렸다. 이 문제는 교과서에 있는 문제를 교사가 활용하여 만든 것이다. 내가 다른 교실에서 보았던 것은 교과서의 문제를 그대로 옮긴 활동지로, 종이 띠에 실선으로 이미 5등분이 나누어져 있고, 그

것을 5분의 3으로 표시하면 되는 것이었다.

그런데 이 수업에서 교사는 5등분의 실선을 지우고 활동지를 만들었다. 이미 2학년부터 분수를 배워온 아이들에게 칸까지 나누어 5분의 3을 표시해 보라는 것은 시시한 문제라는 것이 교사의 판단이다.

'자'를 활용하기

종이 띠에 5분의 3을 표시하자면 우선 띠를 똑같이 5등분하고 그 가운데 세 칸을 빗금으로 표시하면 된다. 5등분을 한 아이들 가운데는 다섯 개의 크기가 서로 다른 아이들이 있다.

나눔이 일정하지 않음을 발견한 교사가 말한다.

"이럴 땐 자를 활용하면 좋을 텐데."

"아~하!"

아이들이 표시해 놓았던 것을 모두 지우고 자로 긋기 시작한다.

자를 활용하면 좋다는 이야기는 자를 활용하여 정확하게 5등분으로 나누라는 이야기였을 텐데, 아이들은 자를 대고 똑바로 긋는 데만 정신이 집중되고 있다. 똑같이 나눠야 한다는 것을 잊은 것이다.

"여기는 작고 여기는 어때요? 똑같지 않죠?"

교사가 다가가 살펴준다. 이때 모둠에 다가가는 교사가 무릎을 구부려 아이들과 눈높이를 맞추고 작은 목소리로 이야기한다. 다른 모둠의 배움을 방해하지 않으려는 배려가 보인다.

교과서 문제를 활용한 점핑

최근 친절한 교과서가 문제가 되고 있다. 교사 없이도 혼자서 충분히 배울 수 있도록 문제와 해결 방법, 답까지 아주 상세하고 구체적으로 제시되어 있다. 교과서를 열면 교사와 아이들이 한 시간 추구해가야 할 모든 과제와 답이 외우기만 하면 될 정도로 친절하게 제시되어 있다.

임성현 선생님은 교과서가 아이들에게 배움의 호기심을 자아낼 만큼 매력적이지 못한 것을 파악하고 문제를 새로 준비한 것이다.

띠에서 칸을 없애니까 아이들이 답을 찾느라 헤맸다. 칸이 있으면 바로 답을 찾아 들어가겠지만, 교사는 아이들을 생각하게 만든 것이다.

"5분의 3을 자로 만들어보라고 했는데 이때 중요한 게 뭘까요?"
"똑같이 나누는 거요."
"그럼 5분의 3을 어떻게 나눠야 하죠?"

똑같이 나눈다는 대답과 함께, 분모가 똑같아야 한다는 답을 이끌어낸다.

음료수 한 통으로 5분의 4를 만들어오기

"여러분들이 수업에 열심히 참여해서 음료수를 준비했어요. 뒤에 주사기, 컵, 비커 등 다양한 도구가 있으니까 그것을 활용해서 이 음료수의 5분의 4만큼 만들어오세요. 맞춘 모둠은 음료수를 마시고, 못 맞추면 맞출 때까지 하는 거예요."

양을 잴 수 있는 도구를 뒤에 갖다놓았는데, 도구들의 크기가 다 다르다. 아이들이 판단해서 가져와야 한다. 간단할 것 같지만 아이들에게는 어려운 문제다. 생각하지 않으면 안 되는 내용이다.

흔히 하는 방법은 아이들에게 생각해보라고는 하지만, 결국 도구를 일러주고 가져오게 한 뒤 결과를 확인하는 것으로 정리를 한다. 그러나

이 수업 교사는 아이들 스스로 문제를 해결하도록 풀어놨다.

그러나 아이들이 문제를 해결하지 못하고 막히는 모둠에는 교사가 다가가 도움을 준다. 크기가 모두 다른 컵들을 가져다놓고 5분의 4를 만드느라 의견이 분분한 모둠에 다가간다.

"분수는 똑같이 나눠야 한다고 했죠. 똑같이 나누려면 컵이 어때야 돼요?"

"크기가 같아야 돼요."

그러자 아이들은 '아!' 하면서 뒤로 가서 다시 컵을 고른다.

아이들이 컵의 크기, 개수에 대해 정확히 이해하지 못한 모둠들을 발견하고 전체에 다시 한 번 확인을 해준다. 되돌리기를 하는 것이다.

"잠깐만 멈추고 자리에 앉아보세요. 선생님이 처음에 분수를 설명하면서 논을 어떻게 나눴어요? 똑같이 나눴죠. 음료수도 똑같이 나눌 수 있는데 어떻게 하면 똑같이 나눌 수 있나 생각해보세요. 자, 이 두 개의 컵을 보세요. 크기가 다르죠. 그럼 이 컵의 양과 이 컵의 양이 같을까요? 어떻게 하면 같게 할 수 있을까요."

아이들이 컵의 크기가 같아야 한다는 것에 주목한다.

5분의 4를 만들라고 하니까 컵 4개에 음료수를 붓는 모둠도 있다.

"컵이 네 개인데, 5분의 4는 몇 개 중에 4개를 만들라는 거예요?"

"5요."

"그럼 컵이 몇 개여야 돼요?"

아이들은 그제야 똑같은 컵 다섯 개를 찾아 나선다.

아이들은 좌충우돌 답을 찾아나간다. 이미 답을 찾아서 음료수를 마시는 모둠도 있고, 새로 컵을 찾아서 실험을 계속하는 모둠도 있다. 수업이 끝나는 종을 쳤는데도 아이들은 실험을 계속한다.

 탐구하는 재미에 빠져서 아이들은 점심도 먹지 않고 연장해서 실험을 계속했다. 그리고 결국 문제를 해결했다. 즐거운 식사 시간까지 뒤로 한 채 아이들은 답을 찾아가는 재미에 푹 빠졌던 것이다.

 임성현 선생님은 "학습지 활동으로 분수가 무엇인지 체득할 수 있게 구상했습니다"라고 했는데, 이 의도는 성공한 것 같다. 아이들은 스스로 실험하고 부딪치고 친구들과 의논하면서 문제를 해결하고, 기분 좋게 마신 음료수 맛을 결코 잊지 못할 것이다. 문제를 스스로 해결한 아이들의 얼굴에서 빛나는 웃음이 그 기쁨을 고스란히 드러내고 있었다.

에필로그

학교가 배움과 연대의 문을 열다

한 초등학교 수업에 들어갔는데, 뭔가 분위기가 이상했다. 요즘 보기 드문 버짐 핀 아이들이 눈에 띄었고, 학교와 온 교실을 돌아다니느라 수업 시간에 안 들어오거나 심지어 엎드려 자는 아이도 많았다. 수업연구회 때 "아이들이 왜 그렇게 잡니까?" 하고 물으니까 선생님이 아이들을 안 깨운다면서, 그 지역 사회에 대해 이야기를 들려주었다.

그 학교 주변은 공단이고 임대 아파트가 대부분이었다. 그리고 아이들의 50퍼센트 이상이 할머니 할아버지와 사는 조손 가정이었다. 대부분 엄마가 없고, 있어도 집안 분위기는 엉망이었다. 부모가 일용직 노동자로 일하면서 저녁마다 술 먹고 주정을 하거나, 밤새도록 싸우고 소란을 피운다. 그런 가정의 아이들은 무서워서 잠도 못 자고 밤새 구석에 숨어 있다가 학교에 온다는 것이다.

학교에 와서야 겨우 안심하고 자는 아이들이 안타까워 선생님은 차마 깨우지 못하고, 밖에 돌아다녀도 야단을 치지 않았다고 한다. 이처럼 학교 환경이 열악하다 보니 교사들도 오래 머물지 않았고, 아이들과 학부모도 곧 떠나갈 교사에게 마음을 주지 않았다. 아이들의 불안정한 심리 상태도 나날이 심각해졌다.

"저하고 몇 명은 적어도 3년은 있기로 했습니다. 아이들 안정시켜 놓고 가려고요."

수업을 공개한 여선생님의 말이 참 고마웠다. 아이들의 심리적 안정과 함께 능동적으로 배울 수 있도록 돕기 위해 수업 공개를 결심했다니. 이런 선생님이 지켜주는 한, 그 아이들의 학교 생활도 조금씩 달라지지 않을까.

이처럼 삶의 배경이 아픈 아이들이 많다. 배움의 출발선은 가정에서 먼저 이뤄지는데, 이 아이들은 그 출발선에서 불평등을 겪고 있다. 그러면 적어도 학교에서라도 평등하게 대접받아야 하는데, 우리 현실은 어떠한가. 어떻게 보면 학교가 아이들을 더 많이 차별하고 분류하고 있다. '차별받지 않고 배운다.' 이것은 아이들이 누려야 할 당연한 권리인데도 말이다.

학부모도 아이들의 행복한 배움을 원한다

지하철에 자리를 잡고 앉았는데, 저만치서 누군가 반색을 하며 다가왔다. 선생님인가, 생각했는데 알고 보니 학부모였다. 연수를 갔던 한 중학교의 학부모가 날 기억하고 인사를 한 것이다. 그러면서 한 가지 물어봐도 되겠냐며 대뜸 말문을 열었다.

"저희가 중학교 공개 수업을 보고 싶어서 학교에 신청을 했는데, 안 된다고 하시더라고요. 그래서 학부모 대표를 섭외해서 초청을 부탁했어요. 어렵사리 우리 학교 학부모들이 함께 1학년 공개 수업을 봤는데 정말 좋더라고요. 아이들 한명 한명에 대해 선생님들이 관심을 갖고 대하시는 게 보였고요. 수업연구회에서 '전에 수업에서는 안 그랬는데 요즘 좀 이상해서 살펴보니까 집안에 어떤 사정이 있더라' 하는 이야기까지 오가는 걸 보고 감동했어요. 배움의 공동체에서는 우리 아이도 문제가 있으면 선생님이 그렇게 챙겨서 봐줄 거 아닌가 하는 생각이 들어서요.

그런데 3학년 학부모는 배움의 공동체 수업에 불만이 있는 것 같아요. 한 자라도 더 가르쳐야 할 판에 선생님은 앉아 계시고, 아이들이 책상만 돌리고 있으면 어떻게 하냐고요. 선생님이 아이들에게 하나라도 더 가르치려고 애써야 하지 않냐고요. 고등학교 가야 되니까 걱정이 되나 봐요. 그럴 때는 어떻게 해야 될까요?"

내릴 때도 되었고, 길게 이야기할 자리가 못 되어서 간략하게 한마디만 했다.

"많이 가르친다고 아이들이 다 알까요?"

교사들이 열심히 많은 말을 해야 그 가운데 단 몇 마디라도 아이들 머릿속에 들어갈 거라고 여기는 데서 오는 고민이다. 집에서도 어른들이 말을 많이 하면 잔소리가 된다. 그러나 말을 아꼈다가 제대로 된 한마디를 하면, 그것은 아이에게 그대로 전달된다. 그리고 수업 방식에서 어미 새가 먹이를 물어다주듯 공부 내용을 넣어주려는 것은 아이들이 스스로 먹이를 찾아 먹을 수 없다는 편견에서 비롯된다.

그러나 우연히 만난 그 학부모의 이야기는 여러 가지 생각거리를 던져 주었다. 학부모들이 단체로 배움의 공동체 수업을 참관할 만큼 학부모들도 '아이들의 행복한 수업'에 대한 열정이 있다는 것은 정말이지 놀라웠다. 그리고 실제 수업을 본 학부모들은 눈물을 글썽일 만큼 감동한다.

"아이들이 즐겁게 공부하는 걸 보니까 제 가슴이 다 벅차더라고요."

"우리 아이가 전과 달리 학교 가는 걸 좋아하게 된 이유를 알겠네요."

그러나 배움의 공동체 철학이 제대로 전달되지 않으면, 불안해하는 학부모들에게 단지 책상만 돌리는 수업으로 비칠 수 있다는 것도 알게 되었다. 함께 배우는 수업에 대해 제대로 설명하지 않으면 학부모로서는 이상한 수업 방식이라고만 여길 수도 있는 것이다.

그러니까 학교와 교사만 의욕을 갖고 열심히 하는 데 그치는 게 아니라 학부모에게도 잘 설명하고, 지역 사회에도 널리 알려서 힘을 모으는 것이 중요하다. 그것이 학부모와 지역 사회를 배움으로 묶는 배움의 공동체의 성과를 더 높이고, 안팎의 응원을 받으며 학생과 교사가 행복한 교실을 만들 수 있다.

학교 밖 사람들과 손잡으면 수업이 다양해진다

21세기 학교 교육은 연대와 협력의 배움이다. 그래서 지역 주민, 학부모가 교육에 참여하는 '학습 참가'는 매우 중요한 실천이라고 할 수 있다. 학교 밖의 사람들과 연대해서 학교를 공공의 영역으로 재구성해갈 수 있어서다.

1998년 배움의 공동체 거점학교인 일본 하마노고 소학교에서는 '학교 밖 사람들과의 네트워크를 중심으로 한 학교 만들기'를 위해 학습 참가를 도입하여 실시하고 있다. 학부모와 지역 주민이 아이들의 학습 과정에 참가하여 서로 배우는 네트워크를 만들어가는 것이다. 이처럼 학습 참가는 초등학교에서 시작되었지만 중학교, 고등학교에서도 다양한 형태로 진행되고 있다.

일본 가쿠요 중학교의 경우에는 학부모가 아이들의 수업 시간에 들어와 함께 배우는 장면도 종종 발견하게 된다. 오래 전 방문했을 때 수학 시간에 학부모인 아버지가 함께 배우고 있는 장면을 목격하기도 했다. 일본 도쿄대학교 부속 고등학교에서는 '3자 회담'이라는 이름으로 매월 한 차례 교사, 학생, 학부모 및 지역 주민이 함께 모여 하나의 주제를 선택하여 서로 의견을 나누며 배워가기도 한다.

우리나라 중학교에서도 창의적 체험 활동을 '우리 지역 문화 탐방'이라는 주제로 학부모와 지역 주민, 학생, 교사가 팀을 이루어 함께 조사해 나가는가 하면, 학부모 수업 컨설팅 단을 구성하여 학교 수업 과정을 함께 보고 배우는 모임을 운영하는 학교도 있다.

원래 학교라는 곳은 다양하고 이질적인 문화가 만나는 곳이다. 아이들 한명 한명이 다 다르고, 각각의 체험이 다를 수밖에 없다. 거기에 학교 밖의 사람들이 참가해서 다양한 문화가 교류하며 함께 배우는 곳으로 만들어가면, 배움은 더 넓어지고 깊어질 수 있다.

학습 참가란 지금까지 학교에서 이뤄지고 있는 수업 참관과는 구별되는 개념이다. 참관은 관찰하는 사람과 관찰 당하는 사람, 비평하는 사람과 비평 당하는 관계를 만들었다. 그러나 학습 참가는 학부모들이 단지 보기만 하는 수동적인 자세에서 벗어나 아이들의 학습 속에 직접 참가하는 것이다.

학부모가 보조 교사 역할을 맡아서 체험학습에 같이 나가기도 하고, 학생들의 프로젝트 학습 때 개별 과제에 합류하기도 한다. 지역 주민이나 학부모들이 연대하는 학습 참가는 목적이나 학년, 내용에 따라서 다양하게 만들어낼 수 있다.

학부모, 지역 주민이 참여하는 학습 참가는 교사 한 사람으로는 해내기 어려운 교육 활동과 학습도 가능하게 만든다.

히로미 소학교 3학년 사회 과목의 학습 주제는 '히로미 시의 보물지점 돌기'였다. 먼저 학습 참가를 요청하는 인쇄물을 학부모들에게 나눠주고, 참가할 수 있는 학부모를 미리 모아서 간단한 설명회를 가졌다.

참가 형태는 아이들을 5명씩 모둠으로 나누어 각각의 모둠에 학부모가 2명씩 배치되어 히로미 일대를 탐험하는 동반형 학습 참가다. 특히 학부모가 자신의 아이가 있는 모둠에 참가하는 것이 아니라 다른 모둠에서 체험활동을 했다.

이 실천을 통해 학부모들은 자신이 살고 있는 곳이지만 의외로 모르는 것이 있다는 것고 자신의 아이만이 아니라 다른 아이들의 실태를 조금이나마 알 수 있었다. 또한 교사로서는 혼자라면 결코 해낼 수 없었던 체험 활동을 학부모의 도움으로 무사히 마칠 수 있었다.

지역 사회 주민이 참가하는 경우도 있다. 6학년 체험학습에서 '전쟁 중의 삶'이란 주제를 가지고, 전쟁을 경험한 노인들의 이야기를 듣기로 했다.

이 수업은 6학년 동학년회에서 교사들이 함께 수업 계획을 세웠다. 그리고 학습 참가에 들어가기 전에 교사가 노인회를 찾아가 학습 취지를 설명하고 허락을 얻었다. 그리고 구체적인 수업 진행 계획을 설명했다.

아이들은 궁금한 것이 많았는지 한 번 더 이야기를 듣고 싶다는 이야기를 했다. 거기서 더 나아가 다음 시간에는 전쟁 당시에 주민들이 먹었던 음식도 만들고 싶다는 것으로 발전했다. 그래서 학부모도 함께 참여해 노인회의 지도를 받아 전시의 음식을 만들고, 함께 시식까지 했다. 아이들은 '전쟁 중의 삶'이라는 주제로 그 시대를 살아온 어른들의 삶을 배웠고, 학습 참가에 관계한 사람들과도 마음의 교류를 할 수 있었다.

교재 연구에서 학습 참가를 활용할 수도 있다. 일본의 초등학교 2학년에서 밀에 대해서 배우는 시간이 있는데, 수업을 하기 전에 선생님이 학부모들이 있는 자리에서 제의를 했다.

"이번에 밀에 대한 수업을 하는데 혹시 여기 계신 분들 중에서 아이디어가 있으면 알려주세요."

그러자 어떤 학부모가 "제가 밀농사를 짓는데 같이 해볼까요?" 한 것이다. 그렇게 시작된 밀 공부는 빵을 만드는 수업으로 나아갔다.

우리나라 초등학교 4학년 수업에서 용액의 진하기를 소금물을 이용해 실험하는 시간이 있었다. 선생님이 학생의 할머니에게 "수업 시간에 간장 담그기를 하려고 하는데 좀 도와주세요" 하고 부탁을 했다.

그 할머니는 간장을 담근다고 하니까 계란, 숯, 빨간 고추 등을 챙겨 가지고 왔다. 할머니가 소금물을 만든 뒤 계란을 띄워서 용액의 진하기를 알아맞히자, 아이들은 상상도 못한 방법을 보고 깜짝 놀랐다. 할머니에게서 과학 상식을 배우리라고는 생각지도 못해서였다.

이처럼 교사 혼자 힘으로 할 수 없는 것들을 학부모나 지역 주민의 학습 참가를 통해 도움을 받을 수 있는 방법은 정말 많다. 처음에 학습 참가는 체험 중심으로, 1회 행사를 많이 하지만, 점차 장기적으로 교과와 연결시켜서 같이 만들어갈 수 있다. 그리고 학습 참가를 만들어갈 때는 학급 단위가 아니라 학년 단위로 조직해서, 어느 학급에나 들어갈 수 있도록 하고, 프로젝트로 같이 만들면 효과가 크다.

교사와 학부모, 아이 사이에 배움이 있다

학습 참가는 아이들뿐만 아니라 학부모, 교사도 배움의 활동에 참가하게 한다. 이러한 공동의 교육 활동 과정에서, 수업에 대한 교사의 철학이 학부모와 공유되며, 학부모들은 더 적극적으로 교사를 지원하게 된다. 그 밖에 학습 참가를 통해 무엇을 얻을 수 있을까.

첫째, 교사와 학부모의 관계가 많이 바뀐다. 요즘 학부모들 가운데 "우리 선생님은 참 고마운 분이다"라고 말하는 사람이 별로 없을 것이다. 예전에만 해도 교사들은 그런 말을 많이 들을 수 있었지만, 요즘은 세태가 달라져서 학부모들은 '저 선생님이 내 아이한테 어떻게 하는가'에만 관심이 있다 보니 교사가 조금만 잘못한다 싶으면 꼬투리를 잡기 십상이다. 그러나 학부모들이 학습 참가를 하고 나면 교사를 바라보는 눈이 많이 달라진다.

"선생님에 대해서 다시 생각하게 되었습니다. 선생님이 저렇게 힘들게 아이들을 가르치시는 줄 몰랐습니다."

"아이들이 저렇게 말 안 듣는지 몰랐어요. 저 아이들을 가르치려니 얼마나 힘드시겠어요."

이처럼 학습 참가를 통해 학부모의 참여 폭을 넓히면, 서로에 대한 불신을 줄이고 서로 돕는 관계를 만들 수 있다.

둘째, 아이들에 대한 학부모의 의식이 바뀐다. 수업 참관에서 자기 아이만을 바라보던 학부모는 학습 참가에서 다른 아이들과 말을 주고받으며 함께 활동하게 된다. 그러면서 자기 아이의 테두리에서 벗어나 학급의 아이들, 그리고 학교의 아이들로 관심의 영역이 확대된다. '내 아이'라는 학부모의 개인주의적 의식이 '우리의 아이들'이라는 공동체적 의식으로 변화하는 것이다.

셋째, 아이와 부모의 관계도 변한다. 최근 가정 교육의 부재, 부모와 아이의 대화 부족이 자녀 교육의 문제점으로 지적되고 있다. 그러나 학부모의 학습 참가는 아이와 부모가 학습에 대해 이야기할 기회를 만들어준다. 부모 입장에서는 아이가 집에 와서 학교 얘기를 하면 안심이 된다. 학교 얘기를 감추면 '얘가 학교에서 무슨 짓을 할까' 싶은데, 아이와 다 이야기할 수 있으니까 아이를 더 많이 이해하게 된다.

넷째, 수업의 가능성이 넓어지고 교사는 수업에 대해 성찰할 수 있다. 학습 참가를 기획하고 실천한 교사는 학부모 및 지역 주민의 학습 참가를 통해서 자신이 가르치는 아이들을 재발견하고 자신의 수업을 다시 성찰할 수 있는 기회를 가질 수 있다.

학습 참가를 만들어갈 수 있는 주제와 소재는 무궁무진하다. 그리고 학습 참가에서 특수한 기능이 있는 사람만 참여하는 게 아니라 누구나 참여할 수 있는 것으로 기획해야 한다.

그렇다고 교사가 지나치게 강한 의욕을 가지고 추진하거나 학부모에게 부담을 주어서는 안 된다. 어디까지나 학습 참가는 '함께 서로 배운다'는 것이 근본정신이다.

학교 가는 길이 행복해진다

현실적인 문제는 교사들이 교재를 연구하고 학습 참가를 기획할 시간이 부족하다는 점이다. 지금 선생님들에게 가장 필요한 것은 공부할 시간이다. 바로 이 점에서 교사들의 잡무를 줄여주고, 시스템을 개혁하는 것이 시급하다.

물론 현실은 아직 어렵지만, 그래도 지금만큼 수업 혁신의 바람이 거셌던 적은 없었던 것 같다. 그만큼 교사들의 의식과 욕구가 성숙해 있다는 것이고, 혁신에 대한 사회 분위기도 조성되었다는 것이다.

먼저 교사가 전문가로서 자긍심을 회복하고, 교사들이 동료로서 서로를 격려하고 뜻을 모은다면, 아이들과 교사 모두 학교 가는 길이 행복해진다.

또한 아이들이 차별받지 않고 평등하게 배울 권리를 누리게 하는 것은 어느 한 곳, 어느 한 사람의 노력만으로는 해결하기 어렵다. 하지만 가정, 학교, 교육 관리자, 지역 사회 모두가 손잡는다면 아주 빠르고 쉽게 만들어갈 수 있다.

"아이를 키우는 데는 온 마을이 필요하다"는 속담처럼, 학교를 구심점으로 학부모, 지역 사회가 연대하면 아이들은 풍부한 배움의 자양분 속에서 건강하고 당당하게 성장할 수 있다. 그리고 그것은 배움의 공동체 교실에서 행복한 배움으로 증명되고 있다. 이제 남은 것은 손잡는 것, 함께 가는 것이 아닐까.

배움의 공동체

초판 1쇄 2012년 8월 15일
초판 32쇄 2024년 6월 30일

지은이 | 손우정
펴낸이 | 송영석

주간 | 이혜진
편집장 | 박신애 **기획편집** | 최예은·조아혜·정엄지
디자인 | 박윤정·유보람
마케팅 | 김유종·한승민
관리 | 송우석·전지연·채경민

펴낸곳 | (株)해냄출판사
등록번호 | 제10-229호
등록일자 | 1988년 5월 11일(설립일자 | 1983년 6월 24일)

04042 서울시 마포구 잔다리로 30 해냄빌딩 5·6층
대표전화 | 326-1600 **팩스** | 326-1624
홈페이지 | www.hainaim.com

ISBN 978-89-6574-355-2

파본은 본사나 구입하신 서점에서 교환하여 드립니다.